Prof. Marcão

Marcus Vinícius Pinto

Seja um milionário na Internet!

Conheça e ponha em prática as melhores formas de ganhar dinheiro on-line.

© **Copyright 2024 - Todos os direitos reservados.**

As informações fornecidas neste documento são declaradas verdadeiras e consistentes, em que qualquer responsabilidade, em termos de desatenção ou de outra forma, por qualquer uso ou abuso de quaisquer políticas, processos ou orientações contidas nele é a responsabilidade única e absoluta do leitor.

Sob nenhuma circunstância qualquer responsabilidade legal ou culpa será mantida contra os autores por qualquer reparação, dano ou perda monetária devido às informações aqui contidas, seja direta ou indiretamente.

Os autores possuem todos os direitos autorais desta obra.

Questões legais

Este livro é protegido por direitos autorais. Isso é apenas para uso pessoal. Você não pode alterar, distribuir ou vender qualquer parte ou o conteúdo deste livro sem o consentimento dos autores ou proprietário dos direitos autorais. Se isso for violado, uma ação legal poderá ser iniciada.

As informações aqui contidas são oferecidas apenas para fins informativos e, portanto, são universais. A apresentação das informações é sem contrato ou qualquer tipo de garantia.

As marcas registradas que são utilizadas neste livro são utilizadas para exemplos ou composição de argumentos. Este uso é feito sem qualquer consentimento, e a publicação da marca é sem permissão ou respaldo do proprietário da marca registrada e são de propriedade dos próprios proprietários, não afiliado a este documento.

As imagens que estão aqui presentes sem citação de autoria são imagens de domínio público ou foram criadas pelos autores do livro.

Aviso de isenção de responsabilidade:

Observe que as informações contidas neste documento são apenas para fins educacionais e de entretenimento. Todos os esforços foram feitos para fornecer informações completas precisas, atualizadas e confiáveis. Nenhuma garantia de qualquer tipo é expressa ou implícita.

Ao ler este texto, o leitor concorda que, em nenhuma circunstância, os autores são responsáveis por quaisquer perdas, diretas ou indiretas, incorridas como resultado do uso das informações contidas neste livro, incluindo, mas não se limitando, a erros, omissões ou imprecisões.

ISBN: 9798364675637
Selo editorial: Independently published

Prefácio

Bem-vindo ao mundo do empreendedorismo digital, onde as oportunidades são vastas e o potencial de crescimento é ilimitado. "Seja um Milionário na Internet" não é apenas mais um livro sobre ganhar dinheiro online, é um guia abrangente e dinâmico que o conduzirá por um caminho de descoberta e realização no universo virtual.

Explorando desde as bases do marketing digital até estratégias avançadas de monetização, este livro é um compêndio de conhecimento essencial para aqueles que desejam prosperar na era da informação. Ao mergulhar nas páginas a seguir, você será apresentado a uma variedade de formas de rentabilizar seu tempo e talento na internet, seja criando produtos digitais, prestando serviços especializados ou explorando nichos de mercado promissores.

Figura 1 - Seja um milionário do mundo virtual.

Cada capítulo deste livro fornece insights valiosos, exemplos práticos e orientações claras para ajudá-lo a navegar por um oceano de oportunidades online. Desde o desenvolvimento de habilidades em áreas como SEO, marketing de afiliados, produção de conteúdo e gestão de redes sociais até a criação de uma marca pessoal forte e a construção de uma audiência engajada, você encontrará neste livro o apoio necessário para dar os primeiros passos rumo ao sucesso digital.

Com a revolução tecnológica em pleno curso, não há momento melhor para se lançar no mundo do empreendedorismo online e colher os frutos da inovação e criatividade. Este livro não apenas oferece um mapa para o sucesso na internet, mas também serve como um mentor que o guiará em sua jornada de crescimento e realização profissional.

Prepare-se para uma experiência transformadora, repleta de aprendizado, desafios e conquistas. "Seja um Milionário na Internet" é mais do que um livro, é um convite para assumir o controle de seu destino financeiro e explorar todo o potencial que a era digital tem a oferecer. A revolução está apenas começando - e você tem o poder de ser parte dessa transformação.

Tenho certeza de que o conteúdo aqui presente pode fazer grande diferença na sua vida.

Boa leitura!
Bons aprendizados!
Ganhe muito dinheiro!

Prof. Marcão - Marcus Vinícius Pinto

Influenciador digital
especialista em empreendedorismo, soft skills,
precificação de produtos e neuromarketing.
Fundador, CEO, professor e orientador pedagógico da
MVP Consult.

*Para minha amada Andréa,
que pode não estar sempre certa,
mas tem sempre razão.*
Prof. Marcão – Marcus Pinto

Sumário

1 SEU NOVO LOCAL DE TRABALHO. 19

1.1 Que tal ser um profissional da internet. 20
1.2 Como usar este livro. 23

2 UMA PERGUNTA: VOCÊ SABE O QUE É SER UM PROFISSIONAL DA INTERNET? 25

2.1 Mas o que é ser um profissional da Internet? 25

3 FORMA 1 - GANHE DINHEIRO COMO PRODUTOR DIGITAL. 30

3.1 Principais infoprodutos para produzir ou vender 32
3.1.1 E-books. 32
3.1.2 Cursos digitais. 35
3.1.3 Podcasts ou videocasts. 38
3.1.4 Audiobooks. 41
3.1.5 Programas de assinaturas. 44
3.1.6 Revistas eletrônicas. 45
3.1.7 White Paper. 45
3.1.8 Webinars. 46
3.1.9 Criação de infográficos e templates. 48
3.2 Como se tornar um produtor digital? 49
3.3 Quais são os melhores nichos na atualidade? 51
3.4 Seja uma autoridade e venda mais 52
3.5 Vantagens e desvantagens de ser um produtor digital 52
3.6 Há desafios a serem vencidos? 53
3.7 Quanto ganha um produtor digital? 53

4 FORMA 2 - GANHE DINHEIRO COMO BLOGUEIRO. 55

4.1 Ideias para ganhar dinheiro com blog. 56
4.2 Venda de publicidade. 57
4.3 Faça lançamentos em seu blog. 57
4.4 Dê sua opinião 58
4.5 Cursos online e e-books. 59
4.6 E a venda de produtos digitais? 60
4.7 Estratégias para facilitar sua empreitada. 61

4.7.1	Escolha seu nicho de acordo com seus objetivos e seu conhecimento.	61
4.7.2	Seja um blogueiro multiplataforma	62
4.7.3	Seja escravo do seu calendário editorial.	63
4.7.4	Tenha uma network consolidada.	64
4.7.5	Seja parceiro de outros blogueiros.	65
4.7.6	Construa engajamento nas redes sociais.	66
4.7.7	Aprenda técnicas de SEO – faz toda a diferença.	66
4.7.8	Invista em tráfego pago.	67
4.7.9	Saiba analisar índices de desempenho.	67
4.7.10	Seja um eterno perfeccionista.	67
4.8	**Vantagens e desvantagens de ser um blogueiro**	**68**

5 FORMA 3 - GANHE DINHEIRO COMO ASSISTENTE VIRTUAL. 70

6 FORMA 4 - GANHE DINHEIRO COMO EDITOR DE VÍDEOS 73

6.1	É melhor ser um editor de vídeo com emprego fixo ou freelancer?	74
6.2	Onde trabalhar?	74
6.3	Formação e salário.	75

7 FORMA 5 - GANHE DINHEIRO COM PROGRAMA DE AFILIADOS. 76

7.1	Como funciona?	77
7.1.1	Afiliado investidor.	79
7.1.2	Afiliado autoridade.	80
7.2	Pontos positivos e negativos dos programas de afiliados	82
7.2.1	Positivos – vá com fé!	82
7.2.2	Negativos – abra os olhos!	84
7.3	E agora? Qual programa escolher?	84

8 FORMA 6 - GANHE DINHEIRO COMO FREELANCER ON-LINE. 86

8.1	Como ter sucesso como freelancer?	87
8.2	É necessário ter diploma de curso superior para trabalhar como freelancer?	88
8.3	Vantagens e desvantagens.	88
8.4	Como Conseguir Trabalho como Freelancer.	89
8.4.1	Trabalhos de um freelancer.	90
8.5	Qual é a plataforma ideal?	91
8.6	Não espere suas chances caírem do céu.	92

9 FORMA 7 - GANHE DINHEIRO COM NARRAÇÃO DE LIVROS EM ÁUDIO. 93

9.1	VEJA ESTE CASO.	93
9.2	PAULO BETTI.	94
9.3	CURSO.	95
9.4	NICHO CRISTÃO.	95
9.5	PLATAFORMAS.	96
9.6	QUANTO GANHA UM NARRADOR DE LIVROS?	97
9.7	COMO VOCÊ PODE COMEÇAR?	98
9.8	COMO ESCOLHER O ESTÚDIO IDEAL PARA A PRODUÇÃO?	98
10	**FORMA 8 - GANHE DINHEIRO COM UMA LOJA VIRTUAL.**	**99**
10.1	COMO SE TRABALHA COM LOJAS VIRTUAIS.	99
10.2	O QUE O CLIENTE ESPERA DO SERVIÇO DE ATENDIMENTO DA LOJA VIRTUAL?	100
10.3	TIPOS DE LOJAS VIRTUAIS.	100
10.4	DIFERENCIAIS.	101
10.5	VANTAGENS E DESVANTAGENS.	103
10.6	ESCOLHA DO MIX DE PRODUTOS.	105
10.7	PASSOS PARA CRIAR SUA LOJA VIRTUAL.	105
10.7.1	DEFINIÇÃO DO NOME DA LOJA VIRTUAL.	105
10.7.2	ANÁLISE DA CONCORRÊNCIA.	105
10.7.3	SELEÇÃO DA PLATAFORMA DE E-COMMERCE	106
10.7.4	CUSTOMIZAÇÃO DA LOJA VIRTUAL	106
10.7.5	INCLUSÃO DE IMAGENS E DESCRIÇÃO DE PRODUTOS	106
10.7.6	SEGURANÇA PARA A LOJA VIRTUAL	107
10.8	MONTADA A LOJA É HORA DE DIVULGAR O NEGÓCIO.	109
10.8.1	O GRANDE CUSTO DE UMA LOJA VIRTUAL ESTÁ NA DIVULGAÇÃO DO NEGÓCIO.	109
10.8.2	O CUSTO DE DIVULGAÇÃO DA LOJA VIRTUAL.	110
10.8.3	MAPEAMENTO DA JORNADA DO CLIENTE.	110
10.8.4	INVESTIMENTO EM ANÚNCIOS.	110
10.8.5	INVESTIMENTO NO MOBILE.	111
10.9	CLAREZA NA POLÍTICA DE PRIVACIDADE.	111
11	**FORMA 9 - GANHE DINHEIRO EM SITES DE COMPRA E VENDA.**	**112**
11.1	PARA SER UM BOM MERCADOR NA INTERNET PRESTE ATENÇÃO A ESTAS DICAS.	114
11.1.1	DECIDA O QUE VOCÊ QUER COMPRAR E VENDER.	114
11.1.2	PESQUISE O MERCADO.	115
11.1.3	ENCONTRE UM FORNECEDOR PARA SUPRIR SUA MERCADORIA.	115
11.1.4	COMPRAR BARATO, VENDER POR UM PREÇO MELHOR.	115
11.2	SITES DE COMPRA E VENDA NA INTERNET.	116

12	**FORMA 10 - CRIADOR DE CONTEÚDO PARA A WEB .**	**119**
12.1	ENTENDA A ORIGEM DA PROFISSÃO.	120
12.2	O CENÁRIO ATUAL - A CO-CRIAÇÃO.	120
12.3	QUAIS AS VANTAGENS DE ALGUÉM CONTRATAR UM CRIADOR DE CONTEÚDO?	126
12.4	ALCANCE.	126
12.5	NOVAS REGRAS DE CONSUMO.	127
12.6	NEM TUDO SÃO HOLOFOTES: HÁ LEIS!	127
12.7	E COMO COMEÇAR?	128
13	**FORMA 11 - GANHE DINHEIRO COMO SOCIAL MEDIA.**	**129**
13.1	O QUE É E O QUE FAZ ESSE PROFISSIONAL.	130
13.2	O QUE SIGNIFICA SOCIAL MEDIA?	130
13.3	O QUE FAZ UM PROFISSIONAL DE SOCIAL MEDIA?	131
13.4	QUAL A FORMAÇÃO ACADÊMICA DESSE PROFISSIONAL?	131
13.5	A ROTINA DE UM SOCIAL MEDIA.	132
13.6	FERRAMENTAS E SOFTWARES UTILIZADOS PELO SOCIAL MEDIA.	133
13.7	QUANTO GANHA UM PROFISSIONAL DE SOCIAL MEDIA?	134
13.8	COMO É O MERCADO DE TRABALHO?	134
13.9	PRINCIPAIS FORMAS DE GANHAR DINHEIRO COMO SOCIAL MEDIA.	135
13.10	MAS PENSE BEM!	136
14	**FORMA 12 - GANHE DINHEIRO COMO GESTOR DE SEO.**	**138**
14.1	COMO SE TORNAR UM GESTOR DE SEO?	139
14.2	ATRIBUIÇÕES DO ANALISTA DE SEO.	140
14.3	TRILHA DE APRENDIZADO PARA SE TORNAR UM ANALISTA DE SEO	141
14.4	RAZÕES PARA UMA EMPRESA CONTRATAR UM SEO.	142
14.5	VANTAGENS E DESVANTAGENS DE SER UM GESTOR DE SEO.	142
15	**FORMA 13 - GESTOR DE TRÁFEGO PAGO.**	**144**
15.1	POR QUE TER UM GESTOR DE TRÁFEGO NA EMPRESA?	148
15.2	CLASSIFICAÇÃO DOS GESTORES DE TRÁFEGO?	149
15.3	QUANTO GANHA UM GESTOR DE TRÁFEGO PAGO?	150
16	**FORMA 14 - COPYWRITER.**	**152**
16.1	QUAIS HABILIDADES SÃO NECESSÁRIAS?	152
16.2	COMO ALGUÉM PODE ENTRAR NESSE CAMPO?	153

16.3	O QUE OS COPYWRITERS ESCREVEM?	155
16.4	QUANTO GANHA UM COPYWRITER?	156

17   FORMA 15 - EDIÇÃO DE IMAGENS. 157

17.1	QUAIS HABILIDADES UM EDITOR DE FOTOS PRECISA?	158
17.2	E AS HABILIDADES DIGITAIS?	159
17.3	QUEM É O SUPERVISOR DE UM EDITOR DE FOTOS?	159
17.4	O QUE É PRECISO PARA SE DESTACAR NESTA POSIÇÃO?	159
17.5	UMA DICA PRECIOSA.	159
17.6	COMO POSSO ENTRAR NESTE CAMPO?	159
17.7	VANTAGENS DA EDIÇÃO DE FOTOS PARA EMPRESAS.	160
17.8	FAIXA SALARIAL E PISO SALARIAL 2022	162

18   FORMA 16 - VENDA DE FOTOGRAFIAS. 164

18.1	COMO VENDER FOTOS ONLINE ATRAVÉS DE BIBLIOTECAS DE IMAGENS.	164
18.2	MELHORES SITES PARA VENDER SUAS FOTOS ONLINE.	165
18.3	DICAS PARA GANHAR DINHEIRO EXTRA VENDENDO FOTOS.	167
18.4	COMO VENDER SUAS FOTOS COMO IMPRESSÕES	167
18.5	USE UM SITE DE HOSPEDAGEM DE FOTOS	168
18.6	VENDER FOTOS NAS REDES SOCIAIS	168

19   FORMA 17 - PROFESSOR PARTICULAR ONLINE. 169

19.1	QUAIS SÃO AS QUALIFICAÇÕES PARA UM TRABALHO DE PROFESSOR PARTICULAR ONLINE? 170	
19.2	QUE TECNOLOGIA É NECESSÁRIA PARA TRABALHAR COMO PROFESSOR PARTICULAR ONLINE? 170	
19.3	QUAL É O PERFIL DO PROFESSOR PARTICULAR ONLINE?	171
19.4	QUANTO GANHA UM PROFESSOR PARTICULAR.	171

20   FORMA 18 – DROPSHIPPING. 172

20.1	COMO INICIAR O DROPSHIPPING EM 7 PASSOS	173
20.2	COMO CRIAR UM SITE DE DROPSHIPPING	174
20.3	BENEFÍCIOS DO DROPSHIPPING	174
20.4	DESVANTAGENS DO DROPSHIPPING.	176

21   FORMA 19 – IMPRESSÃO SOB DEMANDA.   179

21.1	COMO FAÇO PARA INICIAR MEU PRÓPRIO NEGÓCIO DE IMPRESSÃO SOB DEMANDA?	180
21.2	A IMPRESSÃO SOB DEMANDA É LUCRATIVA?	180
21.3	COMO VOCÊ PRECIFICA OS PRODUTOS DE IMPRESSÃO SOB DEMANDA?	180

22   CONHEÇA O AUTOR.   182

22.1	PROF. MARCÃO - MARCUS VINÍCIUS PINTO.	182
22.2	ALGUNS LIVROS PUBLICADOS PELO PROF. MARCÃO.	184
22.3	LIVROS SOBRE DADOS ABERTOS DO PROF. MARCÃO.	186
22.4	COMO CONTATAR O PROF. MARCÃO.	187

Índice de figuras

Figura 1 - Seja um milionário do mundo virtual. _____ 5
Figura 2 – Computadores da ARPANET. _____ 19
Figura 3 – A Internet é mesmo espantosa! _____ 21
Figura 4 – Como usar este livro. _____ 23
Figura 5 – Onde estou, para onde vou? _____ 24
Figura 6 – As 4 características dominantes do profissional da Internet. _____ 26
Figura 7 – A câmera é a fiel companheira de muitas profissões da internet. _____ 27
Figura 8 - O produtor digital e suas câmeras. _____ 30
Figura 9 – Etapas fundamentais para se tornar um produtor digital. _____ 31
Figura 10 – Os e-books são a nova forma de levar o conhecimento aos leitores. _____ 32
Figura 11 – E-learning é uma nova forma de aprender a partir de casa. _____ 37
Figura 12 – Os podcasts estão ganhando mais e mais espaço. _____ 39
Figura 13 - Audiobook – ouvir um livro. _____ 41
Figura 14 – O AAC revolucionou o acesso ao conteúdo digital. _____ 43
Figura 15 – Que tal um Webinar com o Elon Musk? _____ 47
Figura 16 – Exemplos de produtos digitais. _____ 49
Figura 17 – Um aluno on-line. Sinal dos tempos atuais. _____ 50
Figura 18 – Ganhar muito dinheiro. O sonho possível. _____ 54
Figura 19 – Um Youtuber trabalhando. _____ 55
Figura 20 – Como estruturar um blog. _____ 56
Figura 21 – Uma aluna de um curso on-line. _____ 59
Figura 22 – O funil de nichos. _____ 62
Figura 23 – Exemplo de um clendário editorial. _____ 63
Figura 24 – Ciclo de conversão. _____ 64
Figura 25 – Boas iniciativas para se ter uma lista dos seus visitantes. _____ 65
Figura 26 - Viver de blog pode ser difícil. _____ 68
Figura 27 – Assistente virtual é a profissão do momento. _____ 70
Figura 28 – A edição de vídeo bem-feita é um grande desafio. _____ 73
Figura 29 – O mouse é a ferramenta de compra. _____ 76
Figura 30 – Critérios de participação em um programa de afiliados. _____ 77
Figura 31 – Percentual de comissões. _____ 78
Figura 32 – É muito importante avaliar pontos positivos e negativos. _____ 82
Figura 33- O troféu é sua renda. _____ 83
Figura 34 – A felicidade do Freelancer: entregar o trabalho. _____ 86
Figura 35 - A dúvida do freelancer: qual plataforma escolher? _____ 91
Figura 36 – O atendimento ao cliente faz toda a diferença. _____ 102
Figura 37 – Adicione ao carrinho. _____ 108
Figura 38 – Dicas de sucesso para quem compra e quem vende. _____ 113
Figura 39- A nuvem do criador de conteúdo. _____ 119
Figura 40 - A co-criação permite o trabalho em colaboração. _____ 121
Figura 41 – Influenciador digital. _____ 125
Figura 42 – O universo de trabalho do Social Media. _____ 129
Figura 43 – Redes sociais. _____ 131
Figura 44 – O universo de trabalho dos social medias. _____ 136

Figura 45 - Seja um gestor de SEO. _____ *138*
Figura 46 – O gestor de tráfego tem muita responsabilidade. _____ *144*
Figura 47 - E o salário, oh! _____ *151*
Figura 48 – Habilidades essenciais de um Copywriter. _____ *153*
Figura 49 – A edição de imagens demanda software profissional. _____ *157*
Figura 50 – O editor de fotos não é um fotógrafo mas faz milagres. _____ *158*
Figura 51 - O ciclo do dropshipping. _____ *172*
Figura 52 - O ciclo da impressão sob demanda. _____ *179*
Figura 53 - O Valor do Capital Humano. _____ *182*
Figura 54 – Alguns livros do Prof. Marcão. _____ *184*
Figura 55 – Mais alguns livros do Prof. Marcão. _____ *185*
Figura 56 – Livros sobre Dados Abertos. _____ *186*
Figura 57 – Vamos valorizar os professores. _____ *188*

"São os passos que fazem os caminhos."

MÁRIO QUINTANA

1 SEU NOVO LOCAL DE TRABALHO.

Os primeiros dias da maioria das revoluções tecnológicas são dominados pelos construtores, e normalmente há uma carência de conceitualização profunda e explicação lúcida. A criação da ARPAnet, a primeira encarnação da Internet, não foge a esta regra.

> ARPAnet (Advanced Research Projects Agency Network, em português, Rede da Agência de Pesquisas em Projetos Avançados) foi a primeira rede de computadores, construída em 1969 como um meio robusto para transmitir dados militares sigilosos e para interligar os departamentos de pesquisa por todo os Estados Unidos.

Muitos anos se passaram antes que grandes pensadores se aprofundassem e repercutissem as implicações da revolução digital na vida de todos nós.

Figura 2 – Computadores da ARPANET.

A cada dia mais e mais pessoas buscam a Internet para informação e um contingente, crescente a cada dia, está descobrindo na grande rede uma alternativa para ganhar dinheiro. Isto mesmo!

São pessoas, que por um motivo ou por outro, buscam novas formas de obtenção da independência financeira, liberdade e flexibilidade de horário. Buscam uma oportunidade de trabalho em substituição a uma vaga perdida. Ou simplesmente uma forma de ter uma renda complementar.

Se você chegou a este livro com alguns destes objetivos, ou mesmo que os seus objetivos sejam outros, saiba que você vai encontrar aqui as 19 melhores formas para ganhar dinheiro no universo da Internet.

E não se preocupe! Eu não considero que seja necessário que você tenha grandes conhecimentos sobre tecnologia, marketing ou administração de empresas. Não há quaisquer condicionantes que não sejam sua disposição em iniciar uma carreira e trabalhar.

Estas formas de trabalho foram selecionadas, dentre várias, por serem acessíveis para a maioria das pessoas. Você vai aprender como ganhar dinheiro da sua própria casa, com seu celular ou seu computador doméstico, com ideias práticas e simples.

Mesmo que nem todas as formas se adéquem ao seu perfil, não tenho dúvidas que algumas delas serão perfeitas para você. Isso sem levar em conta que todas essas ideias de ganhar dinheiro na internet são desafiadoras, legais e honestas. Nada de pirâmide, promessas mentirosas ou coisas desse tipo.

O único requisito essencial é que você esteja disposto a trabalhar com foco e dedicação para alcançar os resultados que VOCÊ deseja.

1.1   Que tal ser um profissional da internet.

A Internet é, atualmente, uma plataforma poderosa que vai além de nos ajudar a encontrar notícias, textos e nos conectar com amigos e entes queridos distantes.

Mais do que nunca é uma plataforma que nos permite empreender e consolidar novas carreiras. O único condicionante é que seja feito da maneira certa.

Há muitas formas de se ganhar dinheiro online, como marketing de afiliados, criação de lojas online, blogs etc. Um bom motivo para se lançar nesta empreitada é que esta pode ser sua chance de sair da corrida por uma vaga de emprego. Deixando de se submeter a entrevistas estressantes e sem esperança.

Aqui está a sua chance de buscar sua liberdade financeira e se livrar de vínculos torturantes com empregadores que mais exploram do que remuneram.

Figura 3 – A Internet é mesmo espantosa!

A Internet é hoje uma plataforma em que muitas pessoas convergem para vender sua força de trabalho. E se você está pensando em começar uma carreira online, então você está com material certo diante dos seus olhos!

Você há de concordar comigo que nem todo mundo precisa de um emprego dentro de um escritório para ganhar a vida. De fato, é cada vez maior a quantidade de profissionais que trabalha de casa e ganha sua vida legalmente através de conteúdo na internet. Milhares de pessoas já estão vivendo assim, seja através de seus blogs, canais de YouTube ou se tornando influencers.

Neste livro vou te orientar sobre como você pode ser uma dessas pessoas.

Você pode iniciar seu negócio da sua casa NESTE MOMENTO.

Você pode começar a faturar dinheiro a partir de agora.

Você vai ter a possibilidade de ter uma vida melhor, com menos estresse e mais liberdade.

Mesmo que nem todas estas formas se adéquem ao seu perfil, não tenho dúvidas que algumas delas serão perfeitas para você. Isso sem levar em conta, que todas essas ideias de ganhar dinheiro na internet são legais e honestas, nada de pirâmide, promessas mentirosas ou coisas desse tipo.

As 19 formas de ganhar dinheiro on-line que vamos tratar são:

1. Produção Digital.
2. Blogueiro.
3. Assistente virtual.
4. Editor De Vídeos.
5. Programa De Afiliados.
6. Freelancer.
7. Narração de Livros em Áudio.
8. Loja Virtual.
9. Sites de compra e venda.
10. Criador de conteúdo para Web.
11. Social Media.
12. Gestão de SEO.
13. Gestão de Tráfego Pago.
14. Copywriter.
15. Edição de Imagens.
16. Venda de Fotografias.
17. Professor particular online.
18. Dropshipping.
19. Impressão sob demanda.

Lembre-se, o único requisito necessário é estar disposto a trabalhar com foco e dedicação para alcançar os resultados que você deseja.

Uma coisa interessante a se observar no mercado de trabalho é que com o passar do tempo e o avanço da tecnologia, é natural que duas situações aconteçam:

- ✓ Algumas profissões, que já existem há mais tempo, são extintas ou substituídas por máquinas.
- ✓ Surgem novas profissões e novas vagas de emprego.

Aqui vou te apresentar e explicar o funcionamento das novas profissões para que você esteja à frente na busca por seus ganhos financeiros.

Comecemos!

1.2 Como usar este livro.

Aqui estão propostas e analisadas as 19 formas de ganhar dinheiro na Internet que eu considero mais eficientes, rentáveis e garantidas.

Cada forma é apresentada em um capítulo. Nele eu apresento as seguintes seções:

O que é ser um profissional da forma tratada na seção.
Checklist para validar se a sua personalidade está adequada à forma.
Como a profissão, representada pela forma, funciona.
Diferenciais que você precisa ter ou desenvolver para ser bem-sucedido na forma.
Nichos existentes para a forma na Internet.
Vantagens e desvantagens de ser um profissional da forma.
Desafios a serem vencidos.
Quanto ganha um profissional da forma.

Figura 4 – Como usar este livro.

Claro que tudo envolve riscos, aprendizado, algum investimento financeiro e dedicação, mas seguindo minhas orientações e observando as dicas você tem grande chance de ser bem-sucedido.

Assim, sugiro que você estude as formas para selecionar quais te parecem mais atraentes e estude mais um pouco estas que você selecionou.

Com estas informações acredito que você terá bastante subsídio para escolher "a" forma que fará a diferença na sua vida. É com ela que você vai ganhar muito dinheiro e ser bem-sucedido.

E lembre-se, não há escolha certa ou errada. O futuro está em suas mãos.

Figura 5 – Onde estou, para onde vou?

2 UMA PERGUNTA: VOCÊ SABE O QUE É SER UM PROFISSIONAL DA INTERNET?

Pode parecer estranho discutir este assunto em um livro, mas, é melhor esclarecer este ponto antes de prosseguirmos para elucidar dúvidas ou expectativas sem fundamento.

Não estou aqui para te vender fórmulas milagrosas que vão te enriquecer do dia para a noite praticamente sem você mover uma palha.

Não é este o caso!

Não quero te iludir dizendo que este é um caminho fácil, mas com certeza é um caminho possível. Exige dedicação e perseverança, mas esse desafio pode te trazer uma grande recompensa.

Sim, eu estou afirmando que não vai ser fácil!

A maioria dos livros e artigos que tratam de profissões na Internet prometem que vai ser a coisa mais tranquila do mundo, mas não é.

Eu não quero começar a nossa relação com mentiras e ciladas. Eu quero que você tenha total ciência de que esse caminho é possível com bastante dedicação e vou lhe apresentar tudo que você precisa saber para começar a sua aventura online.

Este livro será seu guia e o levará na direção certa. Seguir os ensinamentos aqui apresentados é o primeiro passo que o levará a aumentar sua receita e a criar um negócio de sucesso.

2.1   Mas o que é ser um profissional da Internet?

Ser um profissional da Internet significa trabalhar em um ambiente que não existe fisicamente. Não tem um escritório, uma sede, uma loja. Seu mundo é virtual. Seu horizonte de trabalho é infinito.

É um profissional que pode produzir e vender qualquer coisa no mundo digital, pode falar e escrever sobre o que quiser.

É ser alguém que tem 4 características dominantes:

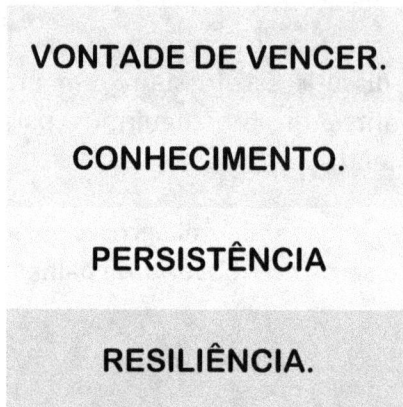

Figura 6 – As 4 características dominantes do profissional da Internet.

Uma frase, atribuída a Valdeci Nogueira, que traduz muito bem o que significa a vontade de vencer para um profissional do mundo digital é:

> "A vontade de vencer torna qualquer pessoa diferente das demais porque é ousada, intrépida e determinada, o que na prática, é o que faz toda diferença entre o que é novo e o comum".

O conhecimento é o que fará a diferença entre ser bem-sucedido e ser um perdedor. Considerando que tudo hoje está a um clique para ser acessado, seu conhecimento precisa resultar em algo que resolva as necessidades do seu cliente. Algo que faça diferença na vida dele.

A persistência vai garantir que você não será vencido pelos inúmeros obstáculos que vai precisar superar ao longo da sua carreira. O mundo da internet é sem ética e com enorme concorrência. Seu público é infiel e busca o menor custo em tudo.

A resiliência é forte parceira da persistência pois ela garante que você sairá das piores situações igual ou melhor que antes. É a capacidade do profissional de continuar a prosperar mesmo em ambiente hostil. Mas observe que é possível considerar a resiliência como algo do contexto do profissional.

Um autor que trata deste tema é Boris Cyrulnik, (Cyrulnik, 2004). Ele propõe o conceito de que a resiliência não é uma competência individual, mas fruto dos vínculos positivos que uma pessoa tece com outras no interior de espaços de convivência sadios. Ou seja, a resiliência incorpora a força da network do profissional.

Podemos resumir então afirmando que ser um profissional da Internet é ser alguém que:

- trabalha em um ambiente que não existe;
- produz e vende qualquer coisa;
- fala e escreve o que quiser; e,
- precisa ter vontade de vencer, conhecimento, resiliência e persistência.

Figura 7 – A câmera é a fiel companheira de muitas profissões da internet.

Mas vamos ter calma. Isto não significa que só algumas pessoas abençoadas pelos deuses podem ser estes profissionais. Meu objetivo aqui é te mostrar que você pode ganhar dinheiro na Internet por diversas formas com quase nenhum investimento e sem precisar entrar para uma faculdade caríssima.

Você vai escolher a forma que você quer adotar para ganhar dinheiro e eu vou te mostrar como conseguir realizar seus objetivos.

É importante perceber que independentemente da forma escolhida, você precisa seguir um código de comportamento para evitar colocar sua empreitada em risco.

Já em 2010, o profissional da Internet era conhecido como "profissional 2.0" devido ao fato destas pessoas trabalharem "para" e "com" a Internet e propôs um código de comportamento para estes novos profissionais com 8 itens principais:

1. Responda e-mails. Cada e-mail é importante para a sua rede de relacionamentos, vendas e consultoria.
2. Não atrase para reuniões. Seja virtual ou presencial você precisa ser pontual.
3. Seja articulado. Você precisa dominar a arte da comunicação pois este é um elemento essencial no seu arsenal.
4. Seja elegante. Mesmo se você trabalhar com o público jovem procure ser uma referência de elegância mesmo se seu estilo for mais descolado.
5. Pesquise e escreva. Nada mais atual e engajado do que dominar a língua, os bons modos e o respeito na comunicação.
6. Ajude quem peça ajuda com humildade e sinceridade. Ajude sempre quem te procura para alguma orientação e nunca banque o superior. Isto é de muito mau gosto.
7. Cumpra os prazos sempre. Isto faz com que sua autoridade seja confirmada e você mantenha seus clientes e seguidores.
8. Cultive a network. E lembre-se sempre de que network não é quantidade. É qualidade. Tenha em seu círculo pessoas que realmente te dizem alguma coisa, que compartilham assuntos, interesses, grupos, ideias.

3   FORMA 1 - GANHE DINHEIRO COMO PRODUTOR DIGITAL.

O Produtor Digital é a pessoa que é especialista ou tem conhecimento avançado em um determinado assunto e tem o desejo de compartilhar o que sabe com o mundo através dos meios digitais.

O produtor é 100% responsável pelo seu sucesso na internet, tendo total controle sobre sua rotina e produtividade.

Figura 8 - O produtor digital e suas câmeras.

Como consequência, trabalhando de forma correta, usando as estratégias certas, e tendo um produto digital em demanda no mercado, o retorno financeiro pode ser grande.

Um ponto a favor deste tipo de trabalho é o investimento financeiro necessário para criar um produto digital. O investimento para a maioria dos produtos é extremamente baixo.

Basicamente você vai precisar:

- um computador com acesso à internet;
- um celular;
- um tripé; e,
- um microfone.

No entanto, será necessário que você tenha muita disciplina e siga algumas etapas fundamentais.

1	Escolha seu nicho de mercado após muita análise. Pesquise sobre tendências e trace objetivos.
2	Analise friamente se o seu conhecimento realmente pode ser transformado em um produto digital.
3	Veja se existe demanda para seu produto no mercado. Pesquise se já existe algum produto no mercado semelhante ao que você deseja criar e o quanto ele vende.
4	Escolha o melhor formato para entregar o seu produto digital, tais como e-book, vídeo aulas e áudio.
5	Aprenda as estratégias de marketing digital. Ter o domínio sobre estas técnicas faz toda a diferença.
6	Posicione-se como autoridade, produza conteúdos e faça uso das mídias digitais para atrair o público que tem potencial de se interessar pelo seu produto.

Figura 9 – Etapas fundamentais para se tornar um produtor digital.

Para te ajudar na análise inicial eu trouxe alguns exemplos.

- ✓ Um professor pode aumentar o alcance de suas aulas criando cursos online ou fazendo aulas ao vivo.
- ✓ Um Influenciador Digital pode produzir um e-book sobre como se tornar um influenciador.
- ✓ Um ator pode aumentar seu pública gravando audiolivros.
- ✓ Um escritor pode diversificar seu trabalho produzindo um canal no Youtube com resenhas de livros.

Entre os conteúdos digitais mais comuns de serem produzidos por este tipo de profissional estão os aprentados a seguir.

3.1 Principais infoprodutos para produzir ou vender

3.1.1 E-books.

Se você procurar e-book no dicionário, encontrará o seguinte:

> *Substantivo. Um livro composto ou convertido em formato digital para exibição em uma tela de computador ou dispositivo portátil.*

Bem direto. Um livro eletrônico; um e-book.

Mas aqui está a coisa: se um e-book é um livro em formato digital que, tecnicamente falando, qualifica muitas coisas que não são realmente e-books.

Figura 10 – Os e-books são a nova forma de levar o conhecimento aos leitores.

e-books são arquivos que você pode ler em um dispositivo digital, um tablet, smartphone, computador etc. Mas, novamente, considerando que e-books, como vários outros arquivos, podem ser lidos em dispositivo, para que seja considerado um e-book é preciso que esse arquivo possua algumas características especiais.

Uma característica distinta de um e-book é o fato do texto não ser editável. Um e-Book deve sempre ser convertido em um formato que garanta que não seja editável.

Com milhares de pessoas tendo acesso a ele em dispositivos digitais, as pessoas poderiam alterar qualquer conteúdo sem a permissão do autor. Portanto, para se qualificar como um e-book real, o texto não deve ser alterado de forma alguma, assim como um livro de bolso.

Outra característica importante é que os verdadeiros e-books devem ser refluíveis. Isso significa que, independentemente do tamanho da tela em que você estiver visualizando o e-book, ele sempre caberá na tela. O texto permanecerá formatado com quebras de linha e os capítulos e imagens serão redimensionados para caber nas proporções do dispositivo em que você está lendo.

Há uma exceção: os PDFs[1]. Considerando que os PDFs não podem ser editados, mas não são refluíveis, eles tecnicamente não se qualificam como e-books por não atenderem essa característica.

Mas com as empresas aproveitando a facilidade de downloads e distribuição de PDFs, os PDFs se tornaram e-books "não oficiais" e ainda são formatos de e-book amplamente usados.

Se você pesquisar por formatos de e-book, encontrará várias opções. Dezenas na verdade. No entanto, a probabilidade de realmente usar muitos desses formatos é bastante pequena.

Para simplificar para você, vamos dar uma olhada nos três que são conhecidos por sua facilidade de uso e capacidade de serem usados em um formato amplamente distribuído: EPUB, AZW e PDF.

1. EPUB (.epub).

Epub é a abreviação de Electronic Publication (Publicação Eletrônica) e foi criado por um consórcio de empresas chamado IDPF – International Digital Publishing Forum. Fazem parte do IDPF empresas como Adobe, Sony, Microsoft, entre outras.

---

[1] O PDF (Portable Document Format) é um formato de arquivo desenvolvido pela Adobe Systems para representar documentos de maneira independente do aplicativo, hardware, e sistema operacional usados para criá-los.

Um EPUB, ou publicação eletrônica, é o formato mais amplamente suportado e pode ser lido em vários dispositivos, incluindo computadores, smartphones, tablets e a maioria dos eReaders[2] (exceto Kindles[3]).

Os arquivos EPUB são refluíveis, o que os torna verdadeiros e-books e mais fáceis de ler em dispositivos pequenos.

---

[2] Um eReader (ou leitor eletrônico) é o nome popularmente atribuído aos leitores de livros, revistas, jornais e outros documentos em formato digital.
[3] O Kindle é o e-reader da Amazon. A aparência do dispositivo pode lembrar um tablet, mas a proposta é bem diferente. O Kindle é um leitor de livros digitais e, claro, foi pensado especialmente para isso.

2. AZW (.azw).

Os arquivos AZW foram desenvolvidos pela Amazon para seus eReaders Kindle. Esses arquivos podem armazenar conteúdo complexo, como marcadores, anotações e destaques.

Mas o uso de arquivos AZW é limitado a Kindles ou dispositivos com aplicativos Kindle. Além disso, eles só podem ser acessados na livraria online da Amazon.

3. PDF (.pdf).

Um PDF, também conhecido como formato de documento portátil, não é tecnicamente um e-book verdadeiro de acordo com nossa definição, mas é o formato com o qual a maioria das pessoas está familiarizada.

Criados pela Adobe, os PDFs são conhecidos por sua facilidade de uso e capacidade de manter layouts personalizados. Como eles mantêm seu formato e não são refluíveis, podem ser difíceis de ler em uma tela pequena. Apesar disso, eles ainda são um dos formatos de e-book mais usados, especialmente pelos profissionais de marketing.

3.1.2 Cursos digitais.

Os cursos digitais estão crescendo em popularidade, especialmente com plataformas como Udemy e Hotmart sendo lançadas na aceitação geral.

Mas o que são cursos digitais?

Eles são como qualquer outro curso de aprendizado que você pode encontrar em um instituto de aprendizado. Exceto que eles acontecem on-line e tendem a ser em assuntos muito mais específicos (por exemplo, como investir em criptomoeda para iniciantes) do que os disponíveis em institutos de aprendizado padrão.

Os cursos digitais são também conhecidos como eLearning.

A acessibilidade de cursos digitais resolveu um problema de longa data na educação de adultos. Você terá dificuldade em encontrar alguém que não esteja interessado em ampliar seus conhecimentos em um assunto, e muitas vezes a única coisa que impedia um grande número de futuros alunos de estudar no

passado era a inconveniência de assistir às aulas e encontrar professores particulares.

Hoje, graças ao potencial explorado da internet e ao estudo remoto, podemos fazer cursos sobre praticamente qualquer assunto no conforto de nossas casas, depois de um dia de trabalho ou até mesmo no trajeto matinal.

A Udemy é uma das líderes de mercado no campo de educação on-line cada vez mais popular, com um site com cerca de 55.000 cursos desenvolvidos por 'instrutores' inscritos no site.

Por uma taxa relativamente pequena, os usuários podem fazer um curso na Udemy com foco nos mais diversos campos.

Desde aprender a 'dominar o cubo mágico em quatro dias', a 'construir relacionamentos sagrados que resistem ao teste do tempo', até 'como fazer sabão – fazer sabão caseiro para iniciantes'. Com sites como o Udemy, parece que qualquer um pode encontrar seu nicho.

Isso nos leva ao comércio digital por trás do eLearning. Se você tem um conjunto de conhecimento de nicho que deseja compartilhar sobre um assunto, pode fazê-lo configurando um curso digital.

Ao usar um site de hospedagem respeitável, você garantirá que sua autoridade seja notada e poderá começar a lucrar com a educação de outras pessoas.

Vale a pena considerar como você planeja envolver seu público e sua abordagem para se tornar um educador calmo, mas informativo. Depois de descobrir o estilo de ensino que fará com que seus alunos voltem, o céu é o limite!

Figura 11 – E-learning é uma nova forma de aprender a partir de casa.

Criar um curso de eLearning também ajuda sua exposição e, portanto, a ampliação de suas outras redes também. Clientes satisfeitos poderão encontrar confortavelmente você e seu site, o que expandirá seu tráfego e sua reputação.

Tal como acontece com muitas das informações que você compartilha online, a parceria digital entra em jogo. Isso significa que todo o seu trabalho duro está nas mãos do seu site host ou da sua plataforma.

Se você usa a Udemy para oferecer seu curso digital a um grande público, seu curso está sujeito aos caprichos desse site – eles podem removê-lo sem aviso prévio ou fechar suas páginas inteiras, custando dinheiro e exposição potencial.

Dica: Concentre-se em encontrar seu assunto de nicho para compartilhar seu conhecimento ao criar um curso digital.

Pode parecer intuitivo educar em um assunto mais geral para aumentar a captação de seu público, mas com um campo tão denso de concorrentes vale a pena ser mais intrincado.

Por exemplo, se você está pensando em fazer um curso sobre 'Aumentar sua presença nas mídias sociais', talvez seja melhor ajustá-lo para 'Aumente sua presença nas mídias sociais no Twitter'.

3.1.3 Podcasts ou videocasts.

Um podcast é a resposta da era do streaming para o rádio. A definição do dicionário de um podcast é um arquivo de áudio digital que você pode baixar ou ouvir pela Internet. Sua história explica por que é chamado de podcast, para começar.

Os podcasts são uma forma de conteúdo de mídia que foi desenvolvida em 2004, quando o antigo apresentador da MTV Adam Curry e o desenvolvedor de software Dave Winer codificaram o conteúdo para serem processados pelo "iPodder".

O iPodder era um programa de computador que permitia ao usuário baixar transmissões de rádio na internet para seu Apple iPod. Foi aí que nasceu o termo e significado podcast, levando seu nome de uma mistura de 'iPod' e 'broadcasts'.

Hoje, os podcasts são uma forma extremamente popular de entretenimento de áudio e progrediram além de serem programas de rádio para download.

Cada podcast é uma série criada por um apresentador e, em seguida, publicada episódio por episódio on-line, onde os assinantes podem então baixar e ouvir cada episódio quando ele é lançado.

Ao contrário dos métodos tradicionais de produção de conteúdo, como programas de TV e rádio, os podcasts são uma maneira acessível para os criadores de conteúdo se conectarem com uma audiência.

Eles não são regulamentados no momento, o que significa que você não precisa de uma licença de transmissão para publicar conteúdo de podcast.

Figura 12 – Os podcasts estão ganhando mais e mais espaço.

Qualquer pessoa com equipamentos básicos de podcast, como um microfone, um software de gravação e uma assinatura em uma plataforma de hospedagem, pode criar seu próprio programa.

Monetizar um podcast também está se tornando uma maneira confiável de fazer um lado ou uma renda em tempo integral, graças a patrocínios de marcas, marketing de afiliados, assinaturas e conteúdo pago.

Os podcasts são áudio ou vídeo?

Os podcasts começaram como um meio de áudio completo. No entanto, com a crescente popularidade dos podcasts, muitos podcasters adotaram o podcasting de vídeo como uma forma de se destacar e alcançar um público ainda maior.

O vídeo é extremamente popular. Os usuários estão em média 19 horas por semana assistindo vídeos online em 2022, o que é quase 50% a mais do que em 2018. Assim, os criadores de podcasts que querem que seu programa veja mais crescimento e atraia o público mais amplo estão adicionando elementos de vídeo aos seus podcasts.

Qual é o propósito de um podcast?

Um podcast pode ter muitos propósitos, mas o principal é entreter seu público. Os ouvintes de podcast podem ter uma das várias razões para assinar um podcast, como:

- Ter atualizações sobre eventos atuais.
- Conhecer um novo tópico ou assunto.
- Rir das piadas dos coapresentadores.
- Ouvir entrevistas com convidados populares ou famosos.
- Experimentar um drama de áudio ou narrativa.

Mas por trás de cada uma dessas razões está o desejo de ser entretido. Seja porque querem aprender algo novo ou simplesmente ter algo para tirar suas mentes de uma tarefa mundana, os ouvintes querem desfrutar da experiência de ouvir um podcast.

Se eles não gostarem, provavelmente não voltarão.

3.1.4 Audiobooks.

Audiolivros são gravações de voz do texto de um livro que você ouve em vez de ler. Os audiolivros podem ser versões exatas, palavra por palavra, de livros ou versões resumidas.

Você pode ouvir audiolivros em qualquer smartphone, tablet, computador, sistema de alto-falante doméstico ou sistema de entretenimento no carro.

Figura 13 - Audiobook – ouvir um livro.

Os audiolivros geralmente são comprados e baixados da mesma forma que a música e o vídeo digital. Eles também podem ser comprados em livrarias online ou baixados gratuitamente em sites de domínio público.

A maioria dos sistemas de bibliotecas públicas oferece downloads de audiolivros online – tudo o que você precisa é de um cartão da biblioteca. Até o Spotify tem uma seção de audiolivros.

Disponíveis como arquivos de áudio digital, os audiolivros podem ser reproduzidos em uma ampla variedade de dispositivos eletrônicos de consumo, incluindo telefones, tablets e computadores - qualquer dispositivo que suporte streaming de áudio.

Quando você compra ou baixa audiolivros da Internet, eles geralmente vêm em um dos seguintes formatos de áudio:

1. MP3.

   Um arquivo com a extensão de arquivo MP3 é um arquivo de áudio MP3 desenvolvido pelo Moving Pictures Experts Group (MPEG). A abreviatura significa MPEG-1 ou MPEG-2 Audio Layer III.

2. WMA.

   Um arquivo com a extensão de arquivo WMA é um arquivo Windows Media Audio. A Microsoft criou esse formato para competir com o MP3 e é frequentemente usado para streaming de música online.

3. AAC.

   AAC é a abreviação de Comunicação Aumentativa e Alternativa. Dispositivos de comunicação, sistemas, estratégias e ferramentas que substituem ou suportam a fala natural são conhecidos como comunicação aumentativa e alternativa (CAA).

   Essas ferramentas auxiliam uma pessoa que tem dificuldades para se comunicar usando a fala.

   O primeiro "A" em AAC significa Comunicação Aumentativa. Quando você aumenta algo, você adiciona ou complementa.

   A comunicação aumentativa é quando você adiciona algo ao seu discurso (por exemplo, linguagem de sinais, imagens, um quadro de cartas). Isso pode tornar sua mensagem mais clara para o seu ouvinte.

   O segundo "A" em AAC significa Comunicação Alternativa. É quando você não consegue falar. É também quando sua fala não é compreendida pelos outros. Nesse caso, você precisa de uma maneira diferente de se comunicar.

A maioria dos dispositivos de mídia é projetada para reproduzir qualquer um desses tipos de arquivo.

Figura 14 – O AAC revolucionou o acesso ao conteúdo digital.

Existem muitos sites e aplicativos que fornecem acesso a audiolivros, gratuitos e pagos. Aqui estão alguns deles:

1. Apple Books: Audiolivros para dispositivos iOS e macOS estão disponíveis para download no aplicativo e na loja Apple Books.
2. Audible.com: Embora os audiolivros possam ser adquiridos individualmente, a Audible oferece um serviço de assinatura mensal que fornece um download gratuito de audiolivros por mês. Use o aplicativo Audible para Android ou iOS para ouvir em dispositivos móveis.
3. AllYouCanBooks.com: Este site oferece acesso ilimitado a milhares de audiolivros para download. Este site pago oferece o primeiro mês de graça.
4. Project Gutenberg: Este site é conhecido por oferecer milhares de livros gratuitos em domínio público. Não é tão conhecida sua crescente coleção de audiolivros lidos por humanos que podem ser acessados pela internet.
5. Downpour: Um site comercial de audiolivros que vende audiolivros individuais, bem como uma assinatura mensal, se você preferir.
6. Nook Audiobooks: o site de audiobooks da Barnes & Noble vende uma grande coleção de audiobooks.

7. OverDrive: Um aplicativo que oferece milhares de audiolivros de mais de 30.000 bibliotecas locais.

3.1.5 Programas de assinaturas.

Um plano de assinatura é uma opção de compra.

Um plano de assinatura permite que você escolha com que frequência um produto pode ser entregue. Isso é chamado de "frequência de entrega" Por exemplo, entrega semanal.

Um plano de assinatura permite que você:

- Ofereça várias frequências de entrega.
- Configure opções de faturamento do cliente.
- Escolha o desconto da assinatura (opcional).
- Associe produtos a esses planos de assinatura.

Um grupo de assinaturas pode ter um único plano de assinatura ou vários (por exemplo: planos semanais, mensais e trimestrais)

Exemplo de plano de assinatura:

A Nespresso vende assinaturas para seu café.

Uma das assinaturas atende a um grupo de clientes chamado Ambassador.

Nesse grupo, ele criou três planos de assinatura.

Plano de assinatura 1: "Entrega semanal"

Plano de assinatura 2: "Entrega Mensal"

Plano de assinatura 3: "Entrega trimestral"

Os clientes podem escolher as opções de assinatura e receber diferentes descontos.

3.1.6 Revistas eletrônicas.

Uma revista digital, também conhecida como revista eletrônica ou ezine, é muito semelhante à sua versão impressa, mas é publicada em formato digital em vez de ser impressa em papel.

Ela pode ser lida em um computador e permite que uma revista tire proveito da tecnologia digital e adicione animações e links dentro da revista para torná-la mais informativa ou esteticamente melhor.

O custo de impressão é eliminado e o preço de publicação é bastante reduzido, de modo que a maioria das revistas digitais não exige a mesma quantidade de publicidade que as revistas impressas.

Algumas revistas digitais vêm com uma licença de impressão única para aqueles que preferem revistas em papel, mas isso nem sempre é verdade, e alguém pode inadvertidamente violar a lei de direitos autorais imprimindo o ezine.

3.1.7 White Paper.

Um white paper é um documento informativo emitido por uma empresa ou organização sem fins lucrativos para promover ou destacar os recursos de uma solução, produto ou serviço que ela oferece ou planeja oferecer.

Os white papers também são usados como método de apresentação de políticas e legislações governamentais e de avaliação da opinião pública.

Principais características:

1. Um white paper fornece evidências convincentes e factuais de que uma determinada oferta é um produto ou método superior para resolver um problema.
2. Os white papers são comumente elaborados para fins de marketing business-to-business entre um fabricante e um atacadista, ou entre um atacadista e um varejista.
3. Os white papers são documentos de vendas e marketing usados para atrair ou persuadir clientes em potencial a saber mais sobre um determinado produto, serviço, tecnologia ou metodologia.
4. Os white papers são geralmente projetados para fins de marketing business-to-business (B2B) entre um fabricante e um

atacadista, ou entre um atacadista e um varejista. Ele pode fornecer um relatório ou guia detalhado sobre um produto ou tópico específico e destina-se a educar seus leitores.
5. Os fatos apresentados em white papers são frequentemente apoiados por pesquisas e estatísticas de fontes confiáveis e podem incluir tabelas, gráficos, tabelas e outras formas de visualizar dados.
6. Um white paper pode comunicar a filosofia de uma organização ou apresentar resultados de pesquisas relacionadas a um setor.

Tipos de white papers:

1. Backgrounders. Detalham as características técnicas de um novo produto ou serviço. Projetados para simplificar informações técnicas complicadas, eles são usados para:
   - Apoiar uma avaliação técnica.
   - Lançar um produto.
   - Promover um produto ou líder do setor.
2. Listas numeradas. Destacam as principais conclusões de um novo produto ou serviço e geralmente são formatadas com títulos e marcadores, como o seguinte formato familiar:
   - 3 perguntas a fazer.
   - 5 coisas que você precisa saber.
   - 10 Dicas.
3. Documentos de problema/solução. Identificam problemas específicos enfrentados por clientes em potencial e sugerem um argumento baseado em dados sobre como um produto ou serviço em destaque fornece uma solução para:
   - Gerar novas vendas.
   - Educar os vendedores sobre as características do produto.
   - Despertar o interesse do mercado.

3.1.8 Webinars.

A palavra 'webinar' é uma mistura de 'web' e 'seminário'. Um webinar é um evento realizado virtualmente que é assistido exclusivamente por um público online.

Isso o diferencia de um webcast, que também inclui a presença de uma audiência física. Outros termos utilizados como alternativas para webinar são web event, seminário online, web palestra e evento virtual.

Figura 15 – Que tal um Webinar com o Elon Musk?

Os participantes seguem os webinars através de um PC, Mac, tablet ou smartphone e podem ver e ouvir o(s) orador(es) graças aos feeds de áudio e vídeo.

Além das imagens de vídeo, os slides do PowerPoint podem ser transmitidos em sincronia com o restante da apresentação. Você também pode usar a funcionalidade de captura de tela que permite mostrar aos seus espectadores um aplicativo ou site.

Um webinar é uma forma de comunicação de um para muitos: um apresentador pode alcançar um grupo grande e específico de espectadores online a partir de um único local.

Desde que seja usado de forma eficaz, a interação durante um webinar pode ser muito poderosa. Especialmente quando você tem um grande número de participantes, ferramentas inteligentes são essenciais para canalizar essa interação.

Assim, um webinar oferece várias oportunidades interativas:

- Perguntas.
- Bater papo.
- Votação.
- Enquete.
- Teste.
- Apelo à ação.
- Twitter.
- Crescimento do mercado de webinars.

'Menos é mais' – mas isso não vale para webinars. Desafiando todas as últimas tendências de comunicação para que tudo seja mais curto e rápido, o tempo médio de visualização dos webinars está aumentando ano após ano e atualmente é de 56 minutos!

O mercado de webinars também está apresentando um forte crescimento anual. Existem várias razões para isso, até porque os webinars são muito eficazes. Eles também geram economias de custo significativas.

Além disso, os webinars são pessoais, ao vivo e interativos. Do ponto de vista pedagógico e educacional, os webinars são interessantes devido ao alto grau de interação, ajudando os participantes a aprender e entender mais rapidamente.

3.1.9 Criação de infográficos e templates.

De acordo com o Oxford English Dictionary, um infográfico (ou gráfico de informações) é "uma representação visual de informações ou dados".

Mas o significado de um infográfico é algo muito mais específico.

O infográfico é uma peça visual muito utilizada para apresentar informações, dados e conceitos de maneira facilitada, ajudando na compreensão do leitor quando um conteúdo é de maior complexidade.

Costumam conter ilustrações, textos, gráficos, ícones e outros formatos de mídia. Os infográficos são uma ferramenta valiosa para a comunicação visual.

Os infográficos criativos e visualmente mais exclusivos costumam ser os mais eficazes porque prendem nossa atenção e não nos soltam. Mas é crucial lembrar que o visual em um infográfico deve fazer mais do que excitar e envolver.

3.2 Como se tornar um produtor digital?

Para ser um produtor digital você precisa ter nascido com alguns talentos. Se você não nasceu com estes talentos precisará desenvolvê-los. A boa notícia é que isto é perfeitamente possível.

Por exemplo, se você optar por ser um produtor de aulas gravadas ou em lives você precisa ser um professor carismático para ganhar dinheiro com esta atividade.

Figura 16 – Exemplos de produtos digitais.

Não é todo mundo que tem um carisma que conquista a todos. Se você nasceu com este talento fica mais fácil se destacar, mas você pode desenvolver técnicas de ensino e de exposição de ideias para suprir alguma lacuna de talento.

Além disto, para compartilhar conhecimentos através de um curso digital, é indispensável ser especialista no assunto. Quanto mais domínio do conteúdo abordado você tiver mais convincente sua atuação será para o seu público-alvo.

Para ensinar com clareza, muitas vezes, é preciso aprender mais sobre o assunto escolhido.

Saber como transmitir este conteúdo de forma clara e eficiente também é um talento que você precisa ter nascido ou ter desenvolvido. Uma boa opção é pesquisar e se aperfeiçoar até que seja capaz de transmitir este conhecimento a outras pessoas.

Perceba então que autoconhecimento, foco e persistência o ajudarão a definir o nicho e elaborar estratégias eficientes. Mesmo tendo uma ideia incrível e inédita vai ser necessário colocá-la em prática.

A Internet é um meio muito volátil e competitivo. Se você não desenvolver sua autoridade no nicho escolhido você nunca verá o resultado. Muitos profissionais começam com algo pequeno e, com o tempo, ganham espaço no mercado digital.

Figura 17 – Um aluno on-line. Sinal dos tempos atuais.

Observe que a maioria dos cursos online e e-books buscam resolver algum problema. Alguma dor do seu público. Dentre estas dores podemos citar:

- ✓ Busca por uma melhor qualidade de vida.
- ✓ Superar uma crise financeira.
- ✓ Vencer uma fase de depressão.
- ✓ Ter sucesso e felicidade.

Outra característica de um produtor digital é ser empreendedor. O lado bom é que isto não precisa ser um dom nato e pode ser desenvolvido a partir da sua vontade de crescer profissionalmente.

Um criador de conteúdos digitais precisa ter espírito empreendedor, pois é da natureza desse profissional ser alguém que inova, cria algo inédito que se destaca pela qualidade e criatividade. E tem como matéria-prima a observação de problemas e a capacidade de propor a melhor forma de resolvê-los.

Como exemplo podemos citar a situação na qual você se proponha a melhorar a vida de uma pessoa que não consegue ser bem-sucedida, vive desempregada e sem dinheiro.

Seu trabalho será produzir um conteúdo relevante e realmente promissor para esta pessoa ter resultado em ações baseadas no seu produto.

3.3 Quais são os melhores nichos na atualidade?

Você pode produzir produtos para qualquer nicho, mas você deve focar em temas que você domine e que tenham potencial de venda na Internet.

Uma boa dica é trabalhar nos assuntos nos quais as pessoas te procuram quando precisam de ajuda.

Um exemplo é o caso das pessoas que, apesar de não serem chefs famosos, entendem tudo sobre cozinha e sempre são consultados pelos amigos quando eles precisam de dicas culinárias.

Culinária é um ótimo nicho, mas não se iluda. Assim como você, existem muitas outras pessoas que também sabem tudo sobre receitas.

Após definir seu nicho, faça uma pesquisa e veja o que a futura concorrência está fazendo.

Depois dessa análise, pense em áreas mais específicas dentro do nicho que você escolheu e tente fazer aquilo que as outras pessoas ainda não estão fazendo.

Continuando com o exemplo da culinária você percebeu que há muita procura por receitas, mas que há, também, muitos cursos online sobre isso.

Uma boa opção, então, pode ser criar cursos sobre preparação de alimentos por quem mora sozinho. Outra opção pode ser criar cursos para cozinheiros de fim de semana.

Mas esteja sempre de olhos abertos para detectar armadilhas:

- Não se deixe seduzir por cursos que prometem dinheiro fácil e pouco trabalho como produtor digital.

- O sucesso em qualquer profissão depende diretamente da qualidade do seu trabalho.
- No mundo da Internet a competição é inimaginável!

3.4 Seja uma autoridade e venda mais

Para que seus clientes confiem em seus produtos digitais você precisa ser considerado uma autoridade. Isto pode ser conseguido através de um blog, um canal no Youtube ou pela produção de conteúdo nas redes sociais.

Seus vídeos, textos, áudios e/ou imagens precisam ter uma boa audiência e devem estar alinhados com os infoprodutos que você irá comercializar.

É necessário estar sempre presente nas mídias digitais para que as pessoas se sintam próximas de você. Lembre-se da máxima: quem não é visto não é lembrado.

Assim, invista um tempo para comentar e curtir as postagens da sua audiência. São essas boas práticas que irão te ajudar a se transformar em uma autoridade no assunto que você domina e as vendas serão uma consequência natural quando lançar o seu produto.

3.5 Vantagens e desvantagens de ser um produtor digital

Vantagens:

- Trabalhar tendo como base os assuntos que domina.
- Produzir produtos que tem prazer em vender.
- A perspectiva de ganhos é praticamente sem limites.
- Flexibilidade de tempo, pois você é seu patrão.
- Possibilidade de criar produtos com pouquíssimo investimento e alto retorno.
- A distribuição do produto é feita pela internet, sem os altos custos de logística com transporte e armazenamento, entre outros.
- Você pode trabalhar de qualquer parte do mundo.
- Possibilidade de implementar uma grande rede de afiliados para vender seus produtos, pagando apenas a comissão por isso.

Desvantagens.

- Você só tem como ganhar dinheiro em relação ao que produz.
- A concorrência é muito alta.
- O preço unitário dos produtos é, em geral, baixo. É preciso vender muito para ter ganho de escala.

3.6   Há desafios a serem vencidos?

Sempre há, não é mesmo. Listei aqui os 3 desafios que considero como sendo os principais.

1. O primeiro desafio é realizar as ações necessárias para manter seu estilo de vida. Por isso é importante saber:
   a. o que pretende produzir.
   b. quais os recursos que têm disponíveis hoje.
   c. quais métodos deve utilizar para gerar renda.
2. O segundo desafio é conseguir manter uma consistência no que você produz. Determinar dias da semana para que cada conteúdo seja publicado e manter o nível de interações que tem em suas redes sociais.
3. O terceiro desafio é manter o foco. Diferente de outras profissões você vai precisar se esforçar para produzir por conta própria. O sucesso e o fracasso da sua estratégia é exclusivamente sua responsabilidade.

3.7   Quanto ganha um produtor digital?

Em lugar de dizer números vou te listar alguns produtores digitais que ganham fortunas.

Este é o caso da Rede Globo, da Netflix, da Warner Bros, as universidades, as gigantes do entretenimento, as livrarias, entre muitas outras corporações.

Falar sobre criar conteúdo está automaticamente ligado ao trabalho na Internet. O acesso às redes fez o trabalho de democratizar o acesso e o acesso à produção de conteúdo.

O mercado de conteúdo digital absorve publicitários, editores de vídeo, produtores de moda, atletas, vendedores, médicos jornalistas, entre outros profissionais que se formaram para atuar em outras frentes, mas que foram atraídos por este segmento profissional.

Figura 18 – Ganhar muito dinheiro. O sonho possível.

Assim, o dinheiro que você irá ganhar é determinado por você.

4 FORMA 2 - GANHE DINHEIRO COMO BLOGUEIRO.

Na atualidade os blogs são reconhecidos como um modelo de negócio a longo prazo e para ganhar espaço os blogs precisam que as habilidades dos seus administradores sejam aprimoradas continuamente e que seja mantido um tráfego elevado.

No início eles foram criados para compartilhar opiniões, expressões artísticas ou hobbies. Ao longo do tempo eles foram se firmando como uma forma muito prática e uma excelente ideia de como trabalhar e ganhar dinheiro na internet.

> *Ao aprender e aplicar as estratégias corretas você pode ter uma forma de trabalho altamente lucrativa.*

As atuais tecnologias abrem espaço para que novos blogueiros sejam os próximos influenciadores da era digital. Veja o exemplo de Youtubers, Instagramers e blogueiros que fizeram e fazem de seus hobbies, uma profissão.

Ganhar dinheiro com blog, Youtube e outros canais é uma realidade cada vez mais comum, que permite com que as pessoas vivam de suas paixões.

Figura 19 – Um Youtuber trabalhando.

É preciso lembrar, porém, que a partir do momento que você decide rentabilizar seu hobby, você passa a ser um empreendedor, em maior ou menor escala. E o fato de gerir um negócio, exige muito trabalho. Às vezes, até mais do que um trabalho tradicional.

Para seguir carreira como blogueiro você não precisa ser jornalista, publicitário ou arquiteto. Nem mesmo fazer uma faculdade ou especialização. Basta apenas gostar de escrever, postar fotos, dar sua opinião ou fazer reviews.

Para te ajudar, vou te ensinar tudo sobre o universo dos blogueiros e ensinar quais são as melhores estratégias para se ganhar dinheiro com blog, tornando-se um empreendedor digital.

Veja aqui algumas dicas para a estruturação do seu blog.

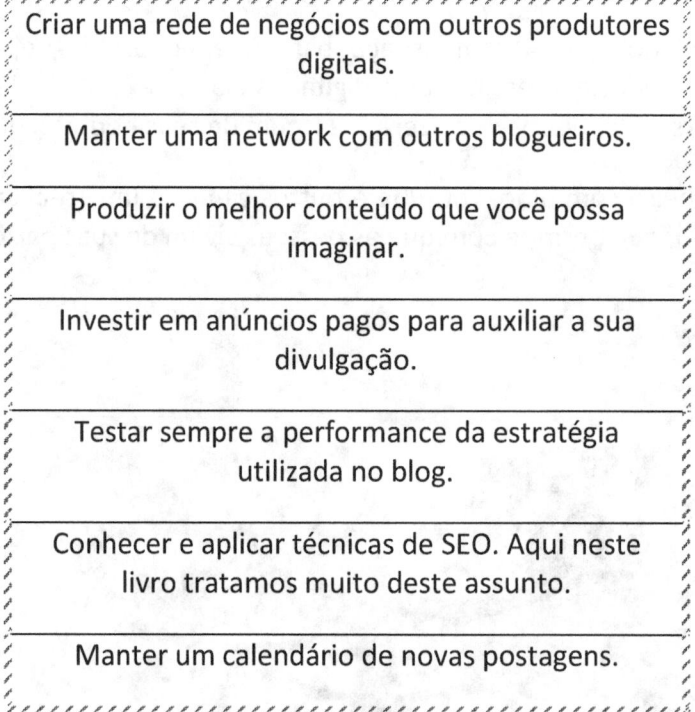

Figura 20 – Como estruturar um blog.

4.1 Ideias para ganhar dinheiro com blog.

Atualmente temos disponíveis muitas formas de gerar renda com blog.

Ao ter sua presença aumentada no mundo da Internet você vai se tornando referência do seu nicho. Isto é muito útil para que você possa prestar serviços de consultoria, assessoria e mentoria.

Um exemplo interessante é o caso de você ser um blogueiro ou blogueira que tem vasto conhecimento de moda e que trata o assunto com muita segurança em seu blog.

Você pode oferecer consultoria de moda, produção visual, mentoria para agências de modelos e orientações diversas para seus visitantes.

Com este tipo de trabalho é possível aplicar seu conhecimento sobre o assunto e potencializar o marketing boca a boca baseado no conteúdo do seu blog.

E preste atenção nesta dica importante:

> *Sempre peça depoimentos sobre o serviço a seus clientes e publique-os com destaque em seu blog.*

A prova social gerada pelos depoimentos é um gatilho mental muito eficiente e acelera a geração de mais credibilidade para futuros clientes.

4.2   Venda de publicidade.

Muitos blogueiros ganham dinheiro vendendo espaços publicitários em seus blogs para marcas que desejam anunciar ou fazer merchandising.

Se no seu caso você já tem certa autoridade e uma boa média de visitantes diários você poderá ganhar muito dinheiro vendendo estes espaços.

Mas não tente "passar o carro na frente dos bois". Sem ter bons números de visitantes diários você não conseguirá atrair a atenção de empresas e marcas.

Se você está em estágios iniciais com seu blog, você pode procurar as marcas e oferecer divulgação em troca de boas contrapartidas.

Mas não se deixe levar pelo dinheiro de produtos que não tenham conexão com seu nicho de atuação e que não agregam valor para seu público. Isto pode colocar em risco sua credibilidade.

4.3   Faça lançamentos em seu blog.

Se você vende produtos próprios pode utilizar o blog como um canal a mais para lançar seus produtos.

Tenha, em destaque, em seu blog um link para sua página de vendas. Isto facilitará o processo de compra e levará os interessados para um local onde eles terão mais informações sobre o produto.

Pense também em alinhar esta estratégia a promoções ou ações que levem seus leitores a se sentir beneficiados com um desconto ou um brinde na compra do produto.

E lembre-se, a comunicação da página de vendas também deve estar alinhada ao conteúdo do seu blog.

4.4 Dê sua opinião

Um comportamento fácil de ser observado nos consumidores de produtos vendidos na Internet é que a maioria tem o hábito de ler recomendações de um produto desejado antes de fechar a compra.

Esta é então uma ótima forma de vender produtos digitais em seu blog e conquistar a confiança de seu público.

Escrever recomendações e reviews sobre produtos que estejam em evidência e que você consegue analisar é uma ótima forma de vender publicidade e o próprio produto.

Neste caso você fará publicidade direta e potencializará sua autoridade através de marketing de conteúdo.

Vai aqui mais uma dica importante.

> *As informações precisam ser completas e 100% verdadeiras.*

Um diferencial no seu review pode ser você oferecer um *test drive* do produto ou negociar essa possibilidade com o fabricante ou gestor do seu programa de afiliado. Isto diminui o risco para o consumidor e estabelece um relacionamento baseado em confiança com seus leitores.

O blog pode ser utilizado também para divulgar lives ou qualquer outro conteúdo que possa fornecer mais informações aos potenciais compradores e responder possíveis dúvidas sobre o produto.

4.5 Cursos online e e-books.

Os cursos online estão cada vez mais procurados, isso se deve à facilidade de serem acessados e consumidos em qualquer smartphone ou computador de qualquer lugar.

Seus seguidores estão sentindo como a tecnologia está criando um mundo de oportunidades e que podem aprender novas habilidades e acelerar seu desenvolvimento profissional com conteúdos digitais.

O seu blog pode ser formatado ou transformado em conteúdo com material mais rico, completo e atualizado para quem deseja aprender sobre o assunto tratado por você.

Você pode criar e-books ou cursos em vídeo e utilizar o blog para transformar seus visitantes em clientes.

Como exemplo vamos analisar o caso de um blog que trata de viagens. Que tal então criar e-books sobre opções de turismo gratuito, passeios em família, dicas de restaurantes ou com o calendário de dias de visitação gratuita em museus.

Eles podem focar uma cidade, um país ou um estilo de viagem.

E aqui eu listei apenas algumas poucas possibilidades. Você tem todo um universo de opções para trabalhar. Claro, tudo dependendo do quanto você conhece sobre o assunto.

Figura 21 – Uma aluna de um curso on-line.

Os cursos online têm também a vantagem de você focar nas vendas e escalar seus ganhos, pois um conteúdo produzido pode gerar diversos produtos.

Com um baixo custo para produzir o conteúdo você pode ter um retorno elevado sobre seu investimento inicial sem custos adicionais com logística e você pode vender online para pessoas que estão em todos os lugares do mundo, sem limitação de idioma ou de alfândega.

4.6 E a venda de produtos digitais?

Possuir um blog que tem um público fiel é um grande diferencial para se vender qualquer coisa e isto inclui produtos digitais.

Pode ser um produto próprio, algo vendido em programa de afiliados ou produtos de terceiros em troca de comissões.

Mas recomendo que você tenha alguns cuidados para que a divulgação do produto seja assertiva e você consiga despertar o interesse de seus leitores ao invés de espantá-los.

Respeite a coerência entre produto e o nicho do seu blog. Esta deve ser a regra de ouro dos seus anúncios. Assim como na venda de publicidade, você deve selecionar produtos digitais que estejam alinhados aos assuntos que você trata em seu blog.

Por exemplo, se você escreve sobre esportes, o ideal é que você promova vídeos, jogos e e-books relacionados ao mundo esportivo.

Se sua área de atuação for os lançamentos automotivos, procure conteúdo sobre fábricas de automóveis, concessionárias, oficinas e itens customizados para automóveis.

Essa coerência é importante para gerar empatia e engajamento no leitor, pois ele percebe aquela indicação como algo que você realmente recomenda.

Se você, como eu, aborda temas diversos o melhor é se orientar pelos conteúdos que despertam mais interesse no seu público e também pelas dúvidas mais frequentes nos comentários.

Assim, você terá mais chance de selecionar produtos que agreguem valor para seus seguidores.

4.7 Estratégias para facilitar sua empreitada.

Você já sabe que para ganhar dinheiro com seu blog você deverá vender publicidade, serviços ou produtos. Quanto mais empatia e engajamento seu público tiver com seu blog, mais eles propagarão seu conteúdo.

É imprescindível oferecer sempre conteúdo informativo correto, que eduque e fidelize seus seguidores, responda às suas dúvidas e crie um vínculo de confiança e credibilidade para que haja recorrência nas visitas e nas vendas.

A seguir vou apresentar a você estratégias para você iniciar seu blog e/ou consolidá-lo como uma excelente ferramenta de venda e de geração de renda.

4.7.1 Escolha seu nicho de acordo com seus objetivos e seu conhecimento.

Você precisa decidir com qual segmento de serviços e produtos você irá trabalhar. Você vai criar e-books ou cursos online? Será um afiliado? Ou vai oferecer serviços de consultoria/mentoria?

A partir dessa definição o conteúdo do seu blog deve conduzir seu cliente até seu produto. Pense em utilizar estratégias de marketing de conteúdo para maximizar seus resultados.

A concorrência na Internet é imensa. Para conseguir vencer nesse meio e ganhar dinheiro a sua principal preocupação, ao criar um blog, deve ser produzir conteúdos de qualidade e se orientar sempre pelos assuntos que sejam do interesse dos seus seguidores.

Pense bem, as pessoas só estarão no seu blog se elas desejarem ler o que você escreve, ver suas fotos ou saber das suas novidades. Não há outro motivo.

Estar em sintonia com seu público não é tarefa fácil. Quanto mais jovens mais rápido a atenção muda de lugar e quanto mais velhos mais difícil é conquistar a confiança.

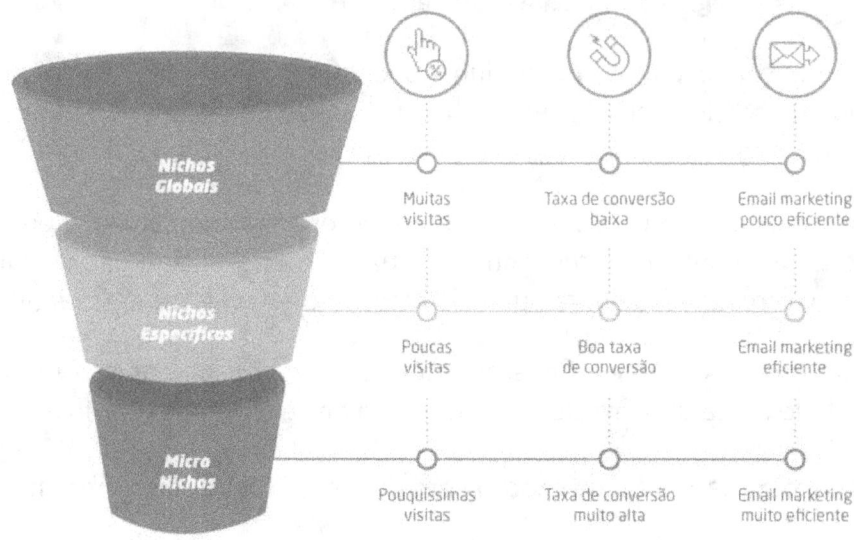

Figura 22 – O funil de nichos.

Há diversas alternativas de análise de mercado disponíveis nas plataformas online. Esteja antenado com o que está sendo mais discutido no momento, participe de redes sociais e pesquise os tópicos citados nos *trending topics*[4].

Uma boa ferramenta para se atualizar sobre o que está sendo mais pesquisado na Internet é o Google Trends. Ele te mostra o que está sendo mais pesquisado no momento e o quanto um determinado assunto tem de público.

Acompanhe as postagens dos seus concorrentes e blogs estrangeiros. Isto pode te ajudar a entender o que está funcionando com os outros blogs.

4.7.2 Seja um blogueiro multiplataforma

Ao se pensar em criar um blog é comum que seu criador se preocupe apenas com posts escritos.

Mesmo que seu blog seja sobre poesia ou algum assunto mais técnico, quanto mais rico e diversificado for seu conteúdo mais interessante ele será.

---

[4] Os trending topics (ou TTs) são uma lista de assuntos mais comentados pelos usuários do Twitter em determinado momento. Por meio da ferramenta, é possível saber o que está ocorrendo de mais importante no mundo.

Utilize diversos formatos, tais como imagens, vídeos, áudios e infográficos.

Você também pode maximizar um post que teve mais acessos ou mais comentários em conteúdos derivados que tratem o assunto com mais detalhe e tenha mais vídeos sobre o assunto ou tenha outros infográficos.

Não esqueça de provocar seus seguidores a participar das discussões geradas pelo seu post.

4.7.3 Seja escravo do seu calendário editorial.

Você pode considerar esta proposta antipática, mas tenha certeza de que é um excelente conselho.

Uma das principais condições para seu público ser frequente no seu blog é saber que você tem uma rotina de postagem de conteúdo. Um calendário editorial é uma ferramenta eficiente para manter a frequência de postagens que você divulgou.

Cronograma de postagens Semanais					
Segunda	Decoração	Fotos	Dicas	Quotes	Vídeos
Terça	Resenhas	Resenhas Duplas	R. Livros + Filme		
Quarta	Tags	Desafios	Maratonas	101 em 1001	Enquetes
Quinta	Resenhas	Resenhas Duplas	R. Livro + Filme		
Sexta	Entretenimento	Playlist	Whishlist	Dicas	Novidades
Sábado	Resenhas de Filmes	Falando sobre Séries	Escola / Faculdade		
Domingo	Parcerias	Sorteios	Promoções	Caixinha de correio	Avisos

Figura 23 – Exemplo de um clendário editorial.

Defina, por exemplo, que você irá postar conteúdo novo três vezes por semana. Divulgue este calendário e cumpra este prazo sem falhar um dia.

Agindo assim você terá formalizado um contrato virtual entre você e seus seguidores, que saberão quando o blog terá novidade e poderão participar comentando os conteúdos.

Uma boa alternativa para não ser pego em armadilhas de festas ou datas especiais é produzir os posts e deixá-los programados. A maioria das plataformas para blogs permite que você agende a publicação dos posts. Se houver algum problema com a sua disponibilidade para postar em um dia você continuará impecável com seu calendário.

4.7.4 Tenha uma network consolidada.

Ao criar uma lista de e-mails na qual seus seguidores ou visitantes possam se cadastrar você viabilizará uma ferramenta com grande potencial de geração de mais tráfego para seu site, para a promoção de produtos digitais, para a participação em suas lives e nos lançamentos de produtos.

Esta lista pode ser um ótimo canal de divulgação de lançamentos de produtos digitais, parcerias e promoções, diretamente na tela de seu leitor mesmo que ele não tenha visitado seu site.

O ciclo de conversão da visita em venda pode ser compreendido do nos seguintes passos:

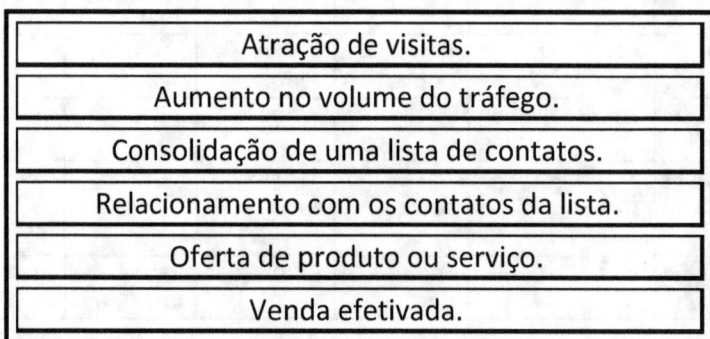

Figura 24 – Ciclo de conversão.

Preocupe-se com a segmentação de seus contatos para ao fazer uso da lista para comunicações esta seja direcionada e entregue conteúdo que seja relevante para aquele destinatário.

Evite ser inconveniente, invasivo ou excessivo. Há diversas ferramentas de automação que permitem selecionar os contatos, a partir de suas navegações e interações na sua página.

A figura a seguir resume boas iniciativas para se ter uma lista com todos os seus visitantes.

Conteúdo gratuito.	Ofereça materiais atuais e completos gratuitamente e peça o e-mail dos usuários em troca.
Formulários	Disponibilize formulários de contatos em seu blog e peça para que preencham para participar de promoções.
Newsletter	Você pode produzir conteúdo exclusivo para os assinantes da lista. Eles se sentirão privilegiados por receber conteúdo exclusivo ou antes de outras pessoas.
Webinars	Se você tem um bom tráfego em seu blog, você pode promover *webinars* para discutir assuntos mais requisitados ou divulgar produtos solicitando o e-mail como ticket de entrada aos eventos.

Figura 25 – Boas iniciativas para se ter uma lista dos seus visitantes.

4.7.5 Seja parceiro de outros blogueiros.

Fortaleça sua presença na Internet fazendo parcerias com outros blogueiros que não sejam seus concorrentes diretos, mas que ainda assim, façam parte do mesmo mercado.

Você pode ter espaços no blog para posts de convidados. Além do convidado postar conteúdos que acrescentem ao seu conteúdo ele se sentirá em dívida e te oferecerá espaço no blog dele.

Este tipo de ação tem a possibilidade de alcançar uma nova porção do público-alvo que também tem interesse no seu conteúdo.

4.7.6 Construa engajamento nas redes sociais.

Um blogueiro que valoriza sua profissão tem presença constante em diversas redes sociais, produzindo conteúdo exclusivo e fortalecendo o engajamento de seu público.

Mas não desperdice energia. Observe sempre quais as redes sociais que seus visitantes utilizam.

E preste atenção às características de cada rede social. Cada uma tem seu formato, seus jargões, seus memes, suas ideias. É você que deve se adaptar a elas e não o contrário. Só assim você conseguirá entregar conteúdo pelo qual o público possa se interessar.

4.7.7 Aprenda técnicas de SEO – faz toda a diferença.

SEO é a sigla *de Search Engine Optimization*. Traduzindo do inglês é "Otimização para Motores de Busca".

As técnicas de SEO, quando bem utilizadas, fazem com que seu blog seja mais bem posicionado no ranking das ferramentas de busca.

Isto significa que quando alguém faz uma pesquisa no Google ou no Internet Explorer seu blog estará presente nos primeiros resultados.

"Estar mais bem posicionado nos resultados das buscas" se traduz em aumento no seu tráfego orgânico.

> *Tráfico orgânico é aquela visita que chega gratuitamente ao seu blog.*

Se você aparece nos primeiros resultados das buscas para termos que têm conexão com seu conteúdo, naturalmente você terá mais reconhecimento e poderá aproveitar esta interação para atrair compradores para seu blog ou para realizar vendas.

A profissão de gestor de SEO é uma das 19 formas de ganhar dinheiro na Internet tratadas neste livro. Vale você dar uma olhada no capítulo e talvez seja uma segunda opção de profissão para você.

4.7.8 Invista em tráfego pago.

Você não é o único empreendedor que tem pânico ao ouvir falar sobre anúncios pagos. Ainda mais em um livro como este que fala a todo momento que é possível ser um profissional da Internet com baixíssimo investimento.

Pois é! Mas a questão aqui é você entender que o pagamento pelo anúncio não é um gasto. É um investimento. Ele irá gerar tráfego para seu blog.

E você pode utilizar o anúncio para divulgar seu produto, o produto do programa de afiliação ou um lançamento. Isto tudo tendo como pano de fundo a geração de engajamento para seu blog.

Ganhar dinheiro com blog, organicamente, pode requerer paciência e tempo, para ver os resultados, que talvez você não tenha. Por isso é que você tem a opção de recorrer aos anúncios pagos e atrair visibilidade para seu blog.

4.7.9 Saiba analisar índices de desempenho.

Para entender qual é o resultado das suas estratégias é preciso analisar, metrificar, comparar índices para então fazer ajustes e alterações de rota. Uma das plataformas que indico é o Analytics. Ele é bem complexo, mas o tempo investido nele traz excelentes resultados.

Outra ferramenta que vai te ajudar muito é o Google Search Console. Ele vai te ajudar a analisar as palavras-chaves que você quer utilizar em seus posts. A partir das posições que elas vêm alcançando nos resultados dos mecanismos de busca você poderá decidir qual palavra-chave pode ranquear melhor seu conteúdo nas pesquisas dos usuários.

4.7.10 Seja um eterno perfeccionista.

Isto não é paranoia de autor, não. Nem frase de efeito para atrair sua atenção.

O que eu quero dizer é que você precisa estar constantemente analisando e aperfeiçoando seu blog o tempo todo, sempre.

Uma boa coisa é você realizar testes A/B com seu blog. Estes testes são feitos realizando comparações entre variáveis de marketing, com o objetivo de definir qual variável gera as melhores respostas no seu caso.

É um pouquinho complicado, mas com o tempo você se acostuma com as tarefas para realizar este teste.

Por exemplo, você pode testar dois formatos de *landing page* para determinar qual irá gerar a maior taxa de conversão. Isto vai te auxiliar a personalizar os botões de conversão (CTA), alterar textos e imagens, identificar mudanças que geraram mais ou menos resultado e mudar a frequência de entrega de e-mails.

Recomendo que você pesquise sobre como fazer estes testes e os incorpore nas suas atividades.

4.8 Vantagens e desvantagens de ser um blogueiro

Desvantagens

O blogueiro precisa sempre separar sua atividade profissional de sua vida privada.

Quando se mistura vida pessoal e profissional, o normal é a vida pessoal se tornar um eterno Instagram. Tudo se torna personagem, ficção e encenação. Não há como isto resultar em algo positivo para o blogueiro como ser humano.

Figura 26 - Viver de blog pode ser difícil.

Você pode demorar a ganhar dinheiro ou pode se iludir com períodos de fartura e não se programar para tempos difíceis.

É necessário que você tenha muita disciplina para lidar com as finanças pessoais em uma condição imprevisível como o mercado da Internet.

E veja bem:

- Ser uma figura pública não é fácil.
- Você perde o direito à sua privacidade.
- Seus seguidores se sentem no direito de opinar e interferir na sua vida.
- Existe falta de reconhecimento
- A profissão não existe.
- O blogueiro é visto como turista no meio jornalístico.
- A fama de que rende muito faz com que todo tipo de espertinho tente ser um blogueiro.
- Como nada é exigido para a pessoa ser um blogueiro é difícil separar o joio do trigo.

Vantagens:

- Ensinar algo a alguém.
- A satisfação quando você percebe que está ensinando algo a alguém.
- Esta relação de aprendizado vai te aproximar do seu seguidor e vai gerar um contexto de colaboração muito saudável.
- Relacionamento amoroso com seus seguidores
- Seguidores tendem a respeitar e amar seus blogueiros. É muito bom ter este carinho do seu público.
- Ser gestor do seu trabalho.
- Você pode trabalhar em casa ou onde desejar.
- Você faz o seu horário de trabalho.
- Você define suas metas e seu cronograma.
- Todo mundo pode ser blogueiro.
- É isto mesmo. Qualquer pessoa, de qualquer idade, etnia, gênero, nível de escolaridade ou língua pode ter um blog.
- Compatibilidade com outras atividades
- Como você é gestor do seu tempo ser blogueiro não concorre diretamente com outras atividades.
- Você pode estudar ou ter outro trabalho sem problemas.

5 FORMA 3 - GANHE DINHEIRO COMO ASSISTENTE VIRTUAL.

Você entende de rotinas administrativas, é proativo e tem desenvoltura para falar no telefone?

Então, tornar-se Assistente Virtual pode ser uma ótima forma de como ganhar dinheiro na internet, podendo trabalhar em casa e ter uma renda extra.

Figura 27 – Assistente virtual é a profissão do momento.

Há dezenas de profissionais liberais como dentistas, médicos e engenheiros que trabalham sozinhos e acumulam muitas tarefas acessórias à sua profissão, como fazer o controle financeiro, pagar contas, responder e-mails, agendar reuniões, emitir notas fiscais e outras várias tarefas.

Normalmente estes profissionais têm um valor por hora bem alto, e se torna mais lucrativo contratar alguém para realizar essas tarefas, e com isso surgem oportunidades para trabalhar como Assistente Virtual.

Para trabalhar como Assistente Virtual você pode acessar as plataformas de contratação de freelancers como 99Freelas, Workana e Freelancer.

Além disso, é importante celebrar um contrato de prestação de serviços entre você e o cliente para deixar registrado o valor fixado pela execução do trabalho, atividades, tempo e entre outros.

Essa é uma forma de garantir transparência e segurança para ambas as partes.

Caso você queira conhecer, existem alguns cursos no mercado que ensinam como trabalhar como Assistente Virtual.

> *Assistente virtual é um profissional autônomo que presta serviços para microempreendedores e profissionais liberais.*

Você pode executar serviços como:

1. Atendimento ao cliente.
2. Gestão de e-mail.
3. Cobrança de inadimplentes.
4. Pós-venda.
5. Serviços financeiros.
6. Follow-up.
7. Emissão de nota fiscal.
8. Marcação de consultas.
9. Gerenciamento de calendário e agenda.
10. Arranjos de viagem.
11. Organização de arquivos e documentos.
12. Monitoramento e organização de e-mails.
13. Atender e direcionar chamadas.
14. Atividades de cobrança e contabilidade.
15. Escrever e manter registros.
16. Avaliar potenciais clientes, projetos, parcerias etc.
17. Manter ou atualizar a mídia social ou perfil profissional de um cliente.

Resumindo, qualquer coisa que possa ser feito por telefone ou pela internet.

Mesmo que você não faça isso no início, você precisa ser MEI (microempreendedor individual) pelos seguintes motivos:

- Para emitir nota fiscal.
- Para ter uma segurança no caso de um acidente ou para aposentadoria.
- Para deixar claro para o cliente que não há vínculo empregatício.

O que você precisa para começar como assistente virtual?

- Computador ou notebook.
- Agenda, canetas, blocos de anotações.
- Acesso à internet.
- Telefone.
- E-mail profissional.
- WhatsApp.

Quem contrata assistentes virtuais?

- Médicos.
- Dentistas.
- Advogados.
- Fotógrafos.

Esses são apenas alguns dos profissionais que contratam assistentes virtuais. Existem vários outros que precisam de auxílio de uma assistente virtual para ajudar nos seus afazeres.

Como conseguir seu primeiro cliente:

- Fale com todos a sua volta, normalmente seu primeiro cliente é alguém que você conhece ou indicado por alguém que conhece seu trabalho.
- Vá a lugares em que pessoas do seu nicho estão, como por exemplo, reuniões de empreendedores, palestras, seminários etc.
- Faça um cartão de visitas em papel e deixe com pessoas que podem ser seus futuros clientes, quando eles precisarem terão seu contato.

Qual é o salário de Assistente virtual[5]?

O salário médio nacional de Assistente virtual é de R$1.551 no Brasil.

---

[5] Valor em outubro de 2022. Esta estimativa de salário tem como base os 54 salários enviados de forma sigilosa ao Glassdoor por funcionários com o cargo de Assistente virtual.

6 FORMA 4 - GANHE DINHEIRO COMO EDITOR DE VÍDEOS

Uma das profissões mais bem remuneradas do Audiovisual, o Editor de Vídeos é encarregado pela edição e outros aspectos pós-produção, como tratamento da cor e montagem de trilhas sonoras.

Ele recebe todo o material bruto (vídeos, fotos ou áudios) e entrega o material pronto e editado.

Figura 28 – A edição de vídeo bem-feita é um grande desafio.

O portfólio é fundamental para o editor de vídeos. Procure mostrar seus trabalhos de maior destaque, sem deixar de escolher uma plataforma que valorize a visualização das suas produções.

Os softwares de edição são constantemente atualizados, com ferramentas cada vez mais poderosas e eficientes.

Conhecê-las contribui para aumentar sua produtividade e evitar a perda de trabalhos mais específicos. Os softwares mais conhecidos são o Adobe Premiere, o Sony Vegas e o Movie Maker.

6.1 É melhor ser um editor de vídeo com emprego fixo ou freelancer?

Cada um tem suas vantagens e desvantagens. O freelancer tem maior liberdade em questão de escolha de trabalhos, com a oportunidade fazer tudo em casa, enquanto o fixo tem que cumprir horários.

Apesar da renda do profissional fixo não ser variável, o freelancer pode acabar ganhando prêmios maiores e ainda ter um controle maior sobre os trabalhos que gostaria de se envolver.

Entretanto, ser editor não é tão simples quanto parece, pois além dessas atribuições, ele deve usar bastante a criatividade e montar um storytelling para que o conteúdo faça sentido para o público-alvo.

Dessa forma, você como profissional editor de vídeos deve deixar o material da melhor forma possível, tendo como base o objetivo desse material.

Por isso que um editor de vídeos deve participar desde o planejamento até a elaboração do produto para que capte a essência do projeto.

6.2 Onde trabalhar?

A minha indicação neste texto é pelo trabalho baseado na internet, fazendo o marketing em vídeos para promover seus próprios produtos ou mesmo sua imagem profissional/pessoal.

Além disso, enquanto editor você pode trabalhar também em:

- Agências de marketing.
- Agências de conteúdo visual.
- Empresas de criação de jogos.
- Canais do Youtube.
- Comunicação institucional.
- Cinema.
- Canais de televisão.
- Empresas de animação gráfica.

Assim, trabalhar com edição de vídeos é também uma boa oportunidade para você que deseja empreender e ganhar dinheiro na internet com games, educação à distância, canais no Youtube ou também no cinema e televisão.

6.3 Formação e salário.

Um bom editor de vídeos deve possuir algumas habilidades específicas e dominar o uso de alguns softwares de edição como, por exemplo:

- Final Cut.
- Adobe Premiere.
- After Effects.
- Sony Vegas.

Apesar de existirem formações específicas para editores de vídeo, normalmente elas não são exigidas.

Provando que você tem conhecimento nessa área através da realização de um excelente trabalho, mesmo tendo formação em outra área, você já é bem reconhecido para conquistar uma vaga.

Porém, conhecimento nunca é demais e o mercado de edição de vídeos busca pessoas capacitadas para dar o rumo correto ao fluxo de trabalho a ser solicitado.

Então, busque sempre capacitar-se, conhecer novas técnicas de edição, criar seu portfólio com seus melhores trabalhos, ficar atento às tendências e é sempre bom ser especialista em alguma área.

O salário de um editor de vídeos varia de acordo com a região, porte da empresa, experiência, jornada de trabalho, formação e outros fatores, mas a média salarial do profissional dessa área é de R$ 2.000,00 de acordo com a Talent em outubro de 2022.

7 FORMA 5 - GANHE DINHEIRO COM PROGRAMA DE AFILIADOS.

Um dos efeitos mercadológicos do crescimento da internet como ferramenta de comércio eletrônico foi potencializar a prestação de serviço segmentada e selecionada de acordo com as preferências dos consumidores.

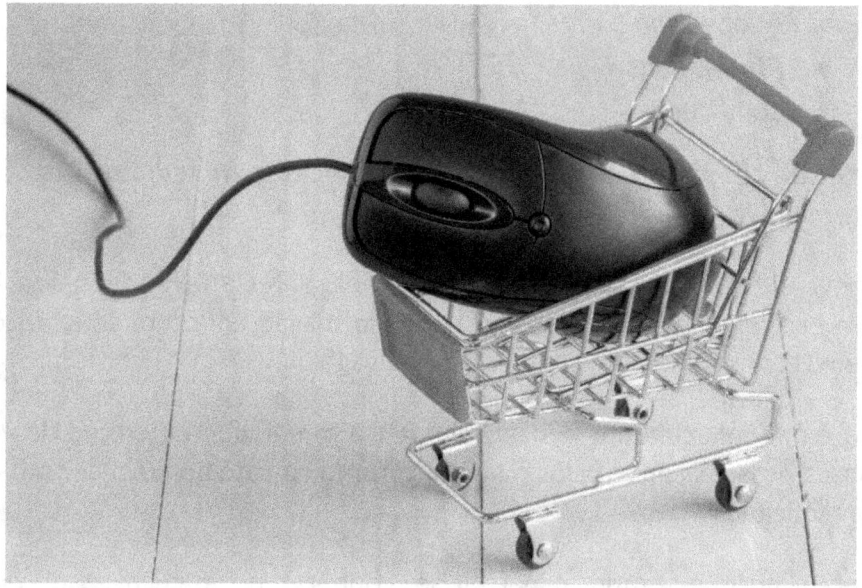

Figura 29 – O mouse é a ferramenta de compra.

O Programa de Afiliados é um destes casos em que a tecnologia criou meios para que um segmento que operava oferecendo os produtos de porta em porta fosse ampliado para o computador pessoal do cliente ou estivesse disponível na palma de sua mão, nos aplicativos para celular.

Os programas de afiliados surgiram da popularização dos blogs e prosperou com os influenciadores. No início os anunciantes procuravam os blogueiros de acordo com seu nicho de atuação para estabelecer uma parceria.

A relação era simples, baseada no depoimento dos blogueiros. Eles recebiam comissões para falar diretamente sobre o produto em seus posts ou associá-los à sua marca pessoal.

Daí temos a base inicial de funcionamento dos programas de afiliados. Quanto maior fosse o grau de confiança do consumidor com o blogueiro maior seria a chance de comprar o produto que ele recomendasse.

O programa de afiliados tem crescido muito e atualmente está baseado nos grandes influenciadores digitais, produtores de conteúdo do Youtube[6], Instagram[7] e Tik Tok[8], gamers[9], celebridades e até personagens do mundo virtual.

7.1   Como funciona?

Participar de um programa de afiliados é muito simples. Basta se inscrever em uma das plataformas que tenham esse modelo de venda e escolher entre os milhares de produtos físicos e digitais disponíveis para divulgar e vender.

Você precisa ter	Você precisa escolher	É necessário
❖ Mais de 18 anos. ❖ Um e-mail válido. ❖ Um computador. ❖ Uma conexão wi-fi.	Um ou mais programas para afiliados.	Formalizar sua participação no programa de afiliados escolhido criando uma conta na plataforma.

Figura 30 – Critérios de participação em um programa de afiliados.

---

[6] YouTube é uma plataforma online que permite a criação e o consumo de conteúdos em vídeo via streaming. Ou seja, para assistir aos vídeos publicados, não é necessário fazer nenhum tipo de download, basta estar conectado à internet.

[7] Instagram é uma rede social visual, criativa e interativa. Possibilita o compartilhamento de imagens e vídeos de curta duração diretamente do aplicativo de celular. Nele, também é possível seguir usuários, curtir, comentar e compartilhar as publicações.

[8] O TikTok é uma rede social para compartilhamento de vídeos curtos, de 15 ou 60 segundos e 3 minutos, mas que oferece amplos recursos para editá-los. É possível incluir filtros, legendas, trilha sonora, gifs, fazer cortes e usar a criatividade.

[9] Gamer é o nome dado atualmente para os famosos "jogadores de videogame". Esses podem ser tanto gamers profissionais como gamers das horas vagas.

Esteja atento às particularidades e diferenciais do programa que você escolher.

Um detalhe importante, e que muito nos interessa, é o percentual de comissão. O usual são comissões de 3 a 7% para produtos físicos e de 40 a 70% para produtos digitais.

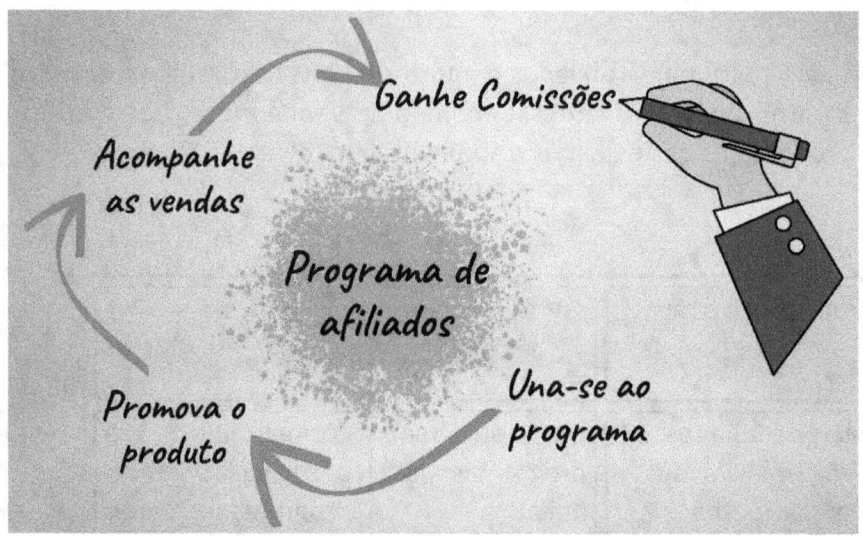

Figura 31 – Percentual de comissões.

O afiliado, que é você, se associa a uma plataforma de venda de produtos na Internet. Você recebe a designação de afiliado porque você se filia a um programa, escolhe os produtos que deseja vender, define sua estratégia de marketing, faz a divulgação de suas ofertas, realiza a venda e recebe dinheiro pelo seu trabalho.

Você vai receber um link exclusivo da plataforma de vendas para que suas vendas sejam identificadas. É possível ser afiliado de produtos físicos, digitais, cursos e serviços.

Um fornecedor, que pode ser um fabricante, é um importador, atacadista ou distribuidor, disponibiliza seu produto para vender em uma plataforma que fica disponível para que os afiliados possam executar vender recebendo comissões.

Se você escolher trabalhar com promoção de vendas de produtos físicos há excelentes empresas com programas de afiliação, tais como a Amazon, Americanas, Magazine Luiza, eBay, Hostinger e Shopify.

Caso queira trabalhar somente com produtos digitais e não ter a preocupação de acompanhar entrega física e estoque das grandes varejistas, você pode analisar alternativas que tratam de produtos digitais em sites como Hotmart, Eduzz e Monetizze.

Mas preste atenção!

É importante conhecer e dominar estratégias e ferramentas de Marketing Digital para potencializar suas vendas.

Mas antes disso, você precisa conhecer os tipos de afiliados e escolher em qual você se encaixa.

7.1.1 Afiliado investidor.

O afiliado investidor, também conhecido como afiliado árbitro, é aquele que trabalha no anonimato, sem aparecer na divulgação dos produtos.

Ele investe dinheiro nos produtos através de anúncios pagos e leva os consumidores alcançados para as páginas de vendas dos produtores. Este tipo de afiliado não é responsável por gerar qualquer relacionamento entre o produto e sua imagem.

Como você já deve ter percebido o diferencial desta modalidade é que ele pode atuar em vários nichos e vender vários produtos diferentes.

Os investimentos tendem a produzir resultados mais rapidamente e em maior escala, mas observe que para manter o fluxo de vendas e ter renda constante, você precisa manter os investimentos nos anúncios e nas campanhas.

O investimento inicial depende de você, mas o retorno é proporcional ao valor investido. Pequenos investimentos tendem a resultar em pequenos resultados. Mas tome cuidado. Investimentos maiores não necessariamente resultam em grandes resultados.

É indispensável:

- Saber anunciar nas principais plataformas de anúncios, como Face-book Ads[10] e o Google Ads[11].
- Aprender a analisar os resultados de campanhas.
- Medir o retorno sobre o investimento (ROI).
- Conhecer design básico para criar boas imagens para utilizar nos anúncios.
- Ser um bom copywriter[12].
- Ter muita paciência.

Se você considera que você pode ter futuro como afiliado investidor, escolha seu produto e domine as melhores estratégias de tráfego pago para ganhar muito dinheiro.

7.1.2 Afiliado autoridade.

Diferente do afiliado investidor, o afiliado autoridade associa o produto a seus conhecimentos, produz conteúdo relevante para sua persona e utiliza as redes sociais para levar o consumidor até a plataforma do produto.

O afiliado autoridade é um representante de vendas moderno.

Para criar seus conteúdos, você deve estudar seu público-alvo e descobrir os interesses, desejos, objetivos e dificuldades deste público. Quanto mais aprofundado e detalhado for este estudo melhores serão suas chances de agradá-lo.

Também é necessário descobrir qual rede social ou mídia seu cliente em potencial utiliza. Seja para encontrar respostas para suas dúvidas e perguntas ou apenas para entretenimento. Veja bem, não há dúvida de que é nesta

---

[10] É o sistema de mídia paga do Facebook que oferece uma grande variedade de formatos de anúncios. Por meio dele, é possível criar campanhas e estratégias de divulgação da sua marca no Facebook e Instagram.

[11] O Google Ads (antigo Google AdWords) é a plataforma de anúncios do Google. Sua primeira versão foi lançada em 2000 e desde então lidera o mercado de Mídia Online. Através do Google Ads é possível criar anúncios de Pesquisa, de Display, no Youtube, no Gmail e na Play Store.

[12] Copywriting é o processo de produção de textos persuasivos para ações de Marketing e Vendas, como o conteúdo de emails, sites, catálogos, anúncios e cartas de vendas, por exemplo. O profissional responsável pelo desenvolvimento do texto (também chamado de copy) é conhecido como Copywriter.

plataforma que você deve se posicionar como especialista no assunto do seu produto.

Para ter sucesso como afiliado autoridade é importante dominar:

1. Técnicas de persuasão para tentar conduzir seu público a tomar as decisões indicadas por você.
2. Gatilhos mentais que são, em geral, maneiras sutis ou até mesmo subliminares de manipular perguntas e frases que objetivam persuadir o cliente a seguir a sua opinião.
3. Copywriting que é a produção de textos que trabalham a persuasão para gerar vendas.
4. Storytelling[13] que é a boa e velha arte de contar estórias para transmitir uma mensagem que também tem o objetivo de gerar vendas.
5. Habilidades de comunicação para saber lidar com diferentes públicos.
6. Montagem de pauta de conteúdos para organizar os pensamentos e ser um melhor desempenho como *copywriter* e *storyteller*.
7. Pesquisa e ranqueamento de palavras-chaves para potencializar a recuperação do seu conteúdo nas pesquisas.

Se você tem domínio sobre um assunto ou tem interesse em trabalhar como afiliado autoridade, pesquise por produtos do nicho escolhido, comece a produzir conteúdo de valor e construa sua autoridade.

Tenha certeza de que seguindo tudo isto que orientei você terá todas as habilidades e técnicas necessárias para recomendar produtos ou serviços que resolvam problemas dos seus clientes em potencial e ganhar muito dinheiro na internet com as vendas realizadas.

---

[13] Storytelling é um termo em inglês. "Story" significa história e "telling", contar. Mais que uma mera narrativa, Storytelling é a arte de contar histórias usando técnicas inspiradas em roteiristas e escritores para transmitir uma mensagem de forma inesquecível.

7.2   Pontos positivos e negativos dos programas de afiliados

Figura 32 – É muito importante avaliar pontos positivos e negativos.

7.2.1   Positivos – vá com fé!

O investimento inicial é baixo.

- ✓ Esta é uma forma realmente econômica de começar um negócio na Internet.
- ✓ Os programas de afiliação são gratuitos.
- ✓ Seu custo vai estar relacionado às formas de divulgação que você adotar.

Não há estoque envolvido no processo de venda.

- ✓ Estoque e entregas são gerenciados pela empresa do programa de afiliação.
- ✓ Não há problemas de logísticas

Você não precisa criar produtos

- ✓ Em uma plataforma de afiliação há uma infinidade de bons produtos para você intermediar as vendas.
- ✓ Não é necessário perder tempo e esforço adquirindo conhecimento, gravando, editando e investindo tempo e dinheiro para desenvolver um produto.

Os produtos têm a qualidade selecionada por você.

- ✓ Sabemos que existem muitos produtos de baixa qualidade no mercado, mas você tem total liberdade para se informar e pode selecionar a qualidade e nicho de produtos que você quer representar.
- ✓ É totalmente possível representar um produto de qualidade de forma imediata.

O dinheiro chega rápido até você pois as vendas podem ser feitas desde o primeiro momento da afiliação devido às facilidades de adesão aos programas.

Liberdade de trabalho.

- ✓ Você pode aderir a vários programas de afiliados.
- ✓ Você pode trabalhar com um programa para cada tipo de produto.

Figura 33- O troféu é sua renda.

7.2.2 Negativos – abra os olhos!

Você é recompensando apenas na primeira venda.

- ✓ A recompensa só ocorre na venda inicial.
- ✓ Você não ganha novamente se seu cliente comprar posteriormente outro produto do mesmo vendedor, ou renovar o acesso a um curso ou serviço que você indicou.
- ✓ Você só fatura em relação ao produto que você vendeu.

Leva tempo para criar a sua clientela e é preciso muito esforço e dedicação para ativar seu ciclo de vendas.

Você não tem controle sobre a entrega dos produtos

- ✓ Isto pode gerar reclamações que podem chegar até você.
- ✓ Ao reclamar na plataforma do produto você será atendido como um afiliado do programa. Sua prioridade é igual a de todos os outros afiliados.

O mercado é muito competitivo. Você precisa trabalhar de forma diferenciada para se destacar e conquistar os clientes.

Não há ganhos por propagação de indicação. Quando seu cliente indica o produto ou serviço para outra pessoa você não recebe nada pela venda desta outra pessoa.

Não há sustentabilidade. Tudo o que você vende em um mês não gera resultados em sequência ou futuros. No próximo mês você precisa trabalhar as vendas como se nunca tivesse vendido nada.

7.3 E agora? Qual programa escolher?

Agora que você já conhece as principais características desta forma de ganhar dinheiro na Internet, você pode analisar os fatores – taxas de comissão, qualidade do produto e relevância para o seu nicho.

Para te ajudar, aqui estão os pontos principais de alguns dos principais programas de afiliação:

- Associados da Amazon. Uma das maiores redes de afiliados que oferece taxas de comissão de até 20%.
- ConvertKit Affiliate Program – processo de adesão muito facilitado.
- Hotmart. As comissões são determinadas pelos produtores.
- eBay Partner Network. Vasta coleção de produtos e baixo limite de resgate das suas comissões.
- HubSpot's Affiliate Program. Altas comissões.
- SemRush Afiliate Program. Fácil e rápido de se cadastrar, disponibiliza ferramentas de rastreio, relatórios analíticas e altas comissões.
- Hostinger Affiliate Program. Cadastramento facilitado, disponibiliza ferramentas de acompanhamento das vendas, relatórios analíticos e boas comissões.
- ThirstyAffiliates. Resgate sem limite mínimo.
- Amazon Associates. Múltiplos programas de recompensas e vasta coleção de produtos.
- Shopify Affiliates, Você ganha comissão por cada indicação que cria uma conta no Shopify usando seu link de indicação.
- ClickBank Affiliate. Criação instantânea de links afiliados e ampla gama de taxas de comissão
- WP Engine Affiliate. Alta taxa de comissão e páginas de destino customizadas para promoções.

A escolha entre os programas de afiliados pode demandar muita análise, mas vale a pena investir no conhecimento para embasar sua escolha.

8   FORMA 6 - GANHE DINHEIRO COMO FREELANCER ON-LINE.

Se você é um redator, tradutor, designer, programador, fala outro idioma ou tantas outras alternativas você pode usar essa forma de ganhar dinheiro na internet sendo um freelancer.

Figura 34 – A felicidade do Freelancer: entregar o trabalho.

Freelancer, ou freela, é um profissional que trabalha de maneira autônoma prestando serviços para empresas ou pessoas por períodos determinados. E quando esses trabalhos são feitos exclusivamente por meio da internet, são chamados de freelancer online.

Ao contrário de um trabalhador tradicional, o freelancer não possui nenhum vínculo trabalhista com a empresa ou pessoa que contrata os seus serviços.

Com isso, os contratos de prestação de serviço têm duração determinada, de acordo com a disponibilidade do profissional e a demanda do cliente. Mesmo assim, a relação de trabalho pode ser recorrente caso ambas as partes tenham interesse.

E como o freelancer não possui nenhum vínculo trabalhista, ele pode trabalhar atendendo diversos clientes ao mesmo tempo.

Há vários sites especializados em unir Freelancers e pessoas interessadas em diversos serviços, e a demanda é muito grande. Ou seja, sempre haverá serviços para o freelancer.

Basta fazer um cadastro nesses sites, como por exemplo, no Workana e oferecer os seus serviços.

Você também pode prestar serviços de consultoria, caso seja especialista em alguma área, como moda, finanças, desenvolvimento pessoal, marketing etc.

Prestar serviços como freelancer é uma das formas mais lucrativas que existem hoje, além de ser uma ótima alternativa para quem deseja trabalhar em casa e deixar o método de trabalho convencional.

E, se você souber utilizar as ferramentas do marketing digital, vai poder oferecer os seus serviços de freelancer para pessoas de qualquer lugar do país ou do mundo.

Quem já aprendeu como ganhar dinheiro na internet recomenda que os novos empreendedores comecem sendo freelancer, pois é uma das maneiras mais rápidas para se obter retorno financeiro.

8.1 Como ter sucesso como freelancer?

Mesmo que a maioria das profissões de freelancer não tenham tantos requisitos, em todas elas você precisa desenvolver habilidades que irão torná-lo um profissional de destaque e capaz de ganhar muito dinheiro.

Veja algumas dessas habilidades:

- Ser altamente produtivo para entregar os jobs dentro do prazo estabelecido pelo cliente;
- Aprender mais rápido e melhor tudo o que acontece no seu mercado e as melhores tecnologias para executar suas atividades;
- Saber se planejar financeiramente;
- Saber organizar suas tarefas e priorizar as mais importantes;
- Ser um bom vendedor para oferecer seus serviços e demonstrar alto valor diante de seus clientes;
- Ter agilidade para elaborar propostas dentro das plataformas de freelancers.

8.2 É necessário ter diploma de curso superior para trabalhar como freelancer?

De acordo com a pesquisa Mercado Freelancer 2018, realizada pela Rock Content, We Do Logos e 99jobs, mais de 90% dos freelancers brasileiros possuem ensino superior (graduação ou pós-graduação).

Apesar disso, a exigência de um diploma para atuar como freelancer online depende da área. Para aquelas em que o exercício profissional exige uma formação específica, como arquitetura, engenharia ou contabilidade, o diploma pode ser necessário.

Já em outras, onde o diploma não é uma exigência legal, o próprio mercado pede profissionais especializados, como jornalismo e marketing. Nesses nichos, os freelancers sem diploma acabam ficando atrás dos concorrentes.

Em atividades criativas, como fotografia, design gráfico e edição de vídeos, por sua vez, o talento e a experiência do profissional contam muito mais do que o diploma.

8.3 Vantagens e desvantagens.

Se o número de profissionais que entram nesse mercado todos os anos não para de crescer, é porque deve valer a pena.

De fato, trabalhar como freelancer traz uma série de vantagens para o profissional.

E você confere algumas logo abaixo:

- Mais flexibilidade: O maior benefício de ser um freelancer é a flexibilidade que esse tipo de trabalho proporciona. Dependendo do tipo de atividade, o profissional autônomo pode fazer o próprio horário e trabalhar de onde quiser (em casa, em uma biblioteca ou na beira da praia).
- Possibilidade de ganhar mais: Em emprego formal, não importa a carga de trabalho, o salário será sempre o mesmo. Já como freelancer, é você quem determina quanto recebe por hora ou trabalho concluído. Ou seja, quanto mais demandas entregues, mais dinheiro!
- Trabalhar com o que gosta: Em um emprego tradicional, é comum participar de projetos com os quais não nos identificamos. Um

freelancer, por outro lado, tem total autonomia para aceitar as propostas que achar mais interessantes.

E as desvantagens?

Obviamente, nem tudo são flores no mundo dos freelancers online e esse tipo de trabalho também conta com algumas desvantagens.

Então, se você pretende entrar nesse mercado, não pode deixar de avaliar os pontos negativos.

- Pouca estabilidade: Apesar de poder ganhar mais em relação a um emprego formal, um freelancer sofre com a falta de estabilidade financeira. Pode ser que, em determinados períodos, apareçam menos jobs e o dinheiro seja menor. Ou seja, se você quer entrar nesse mercado, precisa saber lidar com essa incerteza.
- Sem benefícios trabalhistas: Outro ponto negativo é que, ao escolher trabalhar como autônomo, você está abrindo mão de uma série de direitos garantidos aos trabalhadores formais. Isso inclui 13º salário, férias remuneradas, FGTS e auxílio-doença.

8.4 Como Conseguir Trabalho como Freelancer.

Para conseguir trabalhos e ganhar um bom dinheiro como freelancer, primeiro você precisa definir um nicho de mercado para atuar (sua especialidade).

Depois, é só criar o seu perfil em uma plataforma on-line que você escolher e montar um portfólio para divulgar os seus principais trabalhos.

Para ser visto como um profissional responsável peça referência a seus clientes e vá registrando em seu perfil. Poucas propagandas são mais eficientes do que um cliente antigo, não é mesmo? Afinal, quem já contratou seu serviço e ficou satisfeito tem grandes chances de falar bem de você e comprovar seu comprometimento com o que você faz.

Ainda mais importante do que saber pedir indicações é sempre oferecer o seu melhor. Assim, você começa a ser indicado espontaneamente, pois terá conquistado a confiança das pessoas e mostrado que está preparado para assumir desafios.

Faça seu marketing pessoal. Você precisa criar sua marca, divulgar seu trabalho e mostrar o que te diferencia dos outros freelancers, para que as pessoas concluam que você é o profissional mais indicado para aquilo que eles precisam.

Para fazer esse marketing pessoal com assertividade, descubra seus pontos fortes e fracos e conheça também sua concorrência. Assim, você vai conseguir construir uma marca atrativa para os clientes e mostrar que oferece vantagens exclusivas e relevantes.

Também é importante saber criar parcerias e participar de eventos, fóruns e comunidades sobre o nicho no qual você atua, para que as pessoas comecem a te conhecer e, principalmente, a descobrir seu trabalho.

Preste atenção, então. Para ter um bom marketing pessoal:

- Tenha um website falando de si, seus pontos fortes e projetos realizados.
- Coloque testemunhos de clientes em seu site.
- Seja ativo nas redes sociais, mencionando sutilmente, sempre que possível, o que você faz.
- Valorize seu trabalho, não cobre muito barato.
- Fique amigo de seus bons clientes. Assim você será mais recomendado.
- Tenha um espaço único para trabalhar.
- Cuidado com o equilíbrio entre trabalho e lazer.
- Não tenha pena de dispensar clientes 'malas'.
- Atualize-se para a concorrência não te deixar para trás.

8.4.1 Trabalhos de um freelancer.

Dentre os diversos produtos de um freelancer você pode ter como produtos:

- Criar websites.
- Fazer banners.
- Editar vídeos.
- Traduzir textos.
- Produzir artigos.
- Montar lojas virtuais.
- Programar.
- Otimização e SEO.
- Produzir conteúdo para fanpages.

A seguir, confira alguns sites que você pode se cadastrar e começar a ganhar dinheiro sendo um freelancer:

- Workana;
- 99 Freelas;
- Upwork;
- Fiverr;
- Guru;
- GetNinjas;
- Comunica Geral;
- Prolancer;
- Nearjob;
- Freelancer.

8.5 Qual é a plataforma ideal?

Não existe uma opção que seja ideal sobre o que fazer para ganhar dinheiro na internet, analise se existe vaga para o seu perfil e área de atuação, caso negativo, tente a próxima, não perca tempo.

Se a plataforma já existe há algum tempo, isto é um indicativo de que funciona. Em outras palavras, provavelmente você encontrará jobs.

Figura 35 - A dúvida do freelancer: qual plataforma escolher?

Qual plataforma é melhor: nacional ou internacional? isto é muito importante! Contudo, não há uma resposta certa ou errada. É simples, se você quer concorrer a vagas internacionais, opte por uma plataforma internacional. Já, se você está iniciando e quer dar os primeiros passos, opte por algo local, no cenário brasileiro.

Testar a plataforma, essa é a regra de ouro! Escolha duas das que você mais gostou e se atente por fazer um cadastro de qualidade, publique o seu perfil e busque por oportunidades.

8.6 Não espere suas chances caírem do céu.

Em algum momento, os jobs surgirão e quando isso acontecer, agarre a oportunidade! É possível que no início você precise diminuir o seu valor inicial, mantendo, no entanto, um valor justo para não desvalorizar seu serviço e o mercado.

Em seus primeiros jobs você estará construindo uma reputação e um portfólio para, após, conseguir cobrar valores cada vez maiores e condizentes com suas habilidades.

9   FORMA 7 - GANHE DINHEIRO COM NARRAÇÃO DE LIVROS EM ÁUDIO.

Você gosta muito de ler livros? Tem uma voz agradável? Tem uma boa dicção?

Então você pode usar esta forma de ganhar dinheiro na internet.

Você possui as principais ferramentas necessárias para ganhar dinheiro na internet narrando livros em áudio.

Cada dia mais os autores de livros estão disponibilizando suas obras em formato de áudio books. Isso porque a demanda é cada vez maior, pois as pessoas estão sempre com pressa e preferem ouvir um livro enquanto dirigem, praticam exercícios, cozinham ou fazem qualquer outra atividade que impossibilite parar para ler.

Existem plataformas que você pode se cadastrar e encontrar esse serviço. Essas plataformas conectam autores de livros com narradores.

Para conseguir um trabalho você pode criar um tipo de portfólio, com áudios curtos da sua voz narrando trechos de livros.

9.1   Veja este caso.

A atriz Joana Caetano não havia se dado conta do potencial de sua voz, até que uma diretora de teatro chamou sua atenção para isso e a indicou para fazer um trabalho no mercado de audiolivros.

Joana gravou O diário de Anne Frank, o relato da menina judia escrito durante a Segunda Guerra Mundial, entre junho de 1942 e agosto de 1944

"Já conhecia o livro, mas é bem diferente na hora de narrar. Como é um diário, a leitura não pode ser exatamente interpretativa.

É a Anne falando de si mesma. E era preciso transmitir a angústia que ela e a família estavam vivendo, tentando se esconder dos nazistas", diz. A gravação das 352 páginas levou um mês e meio, e a pronúncia de nomes e expressões em alemão receberam atenção especial.

"Tive que treinar bastante isso, porque não ia soar nada bem pronunciar algo errado", diz a narradora.

Embora o trabalho exija técnica e disciplina, o narrador não fica isento de se emocionar com o livro, o que é outro aspecto a ser administrado. "Teve momentos em que realmente tive que dar uma parada para respirar e retomar a concentração", conta Joana.

9.2   Paulo Betti.

Experiente nos palcos, nos sets de filmagem e nos estúdios de TV, o ator Paulo Betti já há algum tempo vem emprestando sua voz a obras como a trilogia do escritor Laurentino Gomes sobre a história do Brasil (1808, 1822 e 1889). "Levei tudo da minha experiência como ator para a narração", diz Betti. "É um trabalho difícil e não consigo fazer mais do que três horas por sessão, porque exige muita concentração. Tenho que interpretar o texto de primeira, fazendo a ideia chegar até o ouvinte.

Dividir e pronunciar bem as palavras, tenho que entender o que estou lendo, senão o ouvinte não se liga", descreve o ator, que aponta o tom exato da leitura como o maior desafio. "Como dizer aquelas palavras? De forma solene? Coloquial? Qual é o tom de cada livro, de cada página, de cada capítulo, de cada frase?   Mas   é   tudo   fascinante."

Paulo Betti também enfatiza o aspecto do aprendizado relacionado a essa atividade. "A história do Brasil é tão rica e surpreendente. Às vezes eu ficava abismado com o que estava lendo. Aprendi muito", diz o ator.

A seleção dos narradores de audiolivros tem que ser criteriosa, porque cada publicação requer um tipo de voz e de narração. "Há livros que pedem algo mais formal; outros, mais solto.

Há histórias que ficam melhor com uma voz feminina ou mais madura. Outras pedem uma leitura mais didática e jornalística. E ainda há histórias que têm recursos como a sonorização", diz Marta Ramalhete.

O processo de produção de um audiolivro envolve também um revisor da narração, que verifica se o texto foi falado da forma correta, se há erros de pronúncia ou sotaque exacerbado.

"O texto que o narrador lê é exatamente o que está no livro; não há nenhuma adaptação. Por isso, tudo o que causa estranheza no leitor não pode entrar. Daí a importância do revisor.

O leitor tem que mergulhar na história; não pode parar e ficar pensando no narrador", comenta a gerente de produção. Ela afirma que a palavra-chave, quando se trata de audiolivro, é credibilidade. "Independentemente de ser ficção ou não, o narrador deve incorporar o autor, suas ideias. Nada pode soar fake."

9.3   Curso.

Foi por perceber um mercado em expansão que Marta Esteves e o dublador, locutor, professor e narrador de audiolivros Flávio Carpes criaram em junho de 2022 um curso para qualificar profissionais de audiolivros.

Em outubro de 2022, eles promoveram outra edição do curso, que é ministrado em dois sábados, com 16 horas no total. Flávio Carpes atua no mercado de locução desde 1984. Em 2015, passou a gravar audiolivros. Hoje, tem 28 livros gravados no currículo.

Diferentemente do que fazem muitos de seus colegas, Flávio não costuma ler os livros antes de entrar em estúdio. Ele diz que sua decisão não se deve apenas à falta de tempo – há obras com até mil páginas, além dos livros em série –, mas tem a ver com a vontade de não estragar a surpresa. "Sei que há essas recomendações de ler antes, mas acho que tem um encantamento quando você entra em contato com o livro pela primeira vez e é isso que tento passar ao leitor.

Tem sido uma experiência maravilhosa fazer parte disso. Livro é algo fantástico. A gente sempre aprende. O grande lance é fazer dessa profissão não apenas um ganha-pão, mas um prazer para a gente e, principalmente, para quem está ouvindo."

9.4   Nicho cristão.

Desde 1965 no mercado editorial, a Mundo Cristão decidiu embarcar nos audiolivros há aproximadamente um ano.

Já são 20 títulos que abordam questões religiosas, espiritualidade e até obras clássicas de domínio público. "Percebemos que não dava para ser apenas uma publicadora de livros de papel. Tínhamos de ser uma provedora de conteúdo também no mundo digital, com os e-books, e no áudio", afirma Renato Fleischer, diretor da Mundo Cristão.

Fleischer prevê "um longo futuro" para os audiolivros, por sua praticidade. "Mais do que atingir um público com alguma deficiência visual, ele tem conquistado todo tipo de pessoa. Quem está no trânsito, quem não tem muito tempo de ler, alguém que está em viagem.

Muita gente já está preferindo o audiolivro." O principal narrador da editora é Eduardo Costa Mendonça, mais conhecido como Duda Baguera. Ele trabalha com a voz há quase 30 anos e começou a ter experiência com audiolivro quando morava nos Estados Unidos, num momento em que a tendência não havia aportado no Brasil.

"A voz é um universo gigante e cada uma das áreas – dublagem, locução, narração – tem suas especificidades", aponta. "No caso do audiolivro, você precisa ser a voz na cabeça do leitor, mas, ao mesmo tempo, não aparecer." Dada a carência de cursos na área, Duda diz que esse é um ofício que se aprende na prática. "Quanto mais você faz, mais você se especializa", aponta o narrador, que enxerga no audiolivro outro benefício além da ampliação do mercado aos profissionais da voz. "Num país como o nosso, que não tem tanto interesse pela leitura, ouvir o livro pode ser um caminho para formar leitores."

9.5   Plataformas.

Cadastre-se nas plataformas e comece sua carreira como audio narrador de livros

O Audiobook Creation Exchange é a plataforma de publicação da Audible, uma empresa da Amazon, conecta as histórias favoritas do público leitor de livros aos atores que lhes dão vida. ACX foi fundado na ideia de que cada livro e cada voz merecem ser ouvidos

Com o UBX - Ubook Exchange - narradores, atores e todos os profissionais da voz têm um canal completo para garantir novos trabalhos. Assim, além de aumentar sua renda, o narrador também terá seu trabalho disponibilizado na maior plataforma de audiolivros da América Latina, para mais de 1 milhão de ouvintes do mundo todo.

Outra forma de encontrar trabalho é se cadastrar em sites de contratação freelancer como o Workana e o Upwork.

9.6 Quanto ganha um narrador de livros?

O profissional escolhe o valor que deseja receber por hora produzida ou pelo projeto como um todo, ou ainda, se quer receber pelos royalties da venda do audiolivro.

É possível receber um valor fixo pelo trabalho de narração ou produção de um livro de áudio (um pagamento para produção), ou concordar em dividir os royalties com o titular dos direitos e ganhar metade dos royalties de cada venda do livro de áudio.

Mas quanto ganha o narrador de livros na UBX?

O pagamento para esse tipo de narração costuma ser variável, dependendo de vários fatores. Um dos principais, sem dúvida alguma, é o tamanho do livro, mas pode variar também de acordo com a língua e a complexidade do trabalho como um todo.

De forma geral, é um ramo altamente rentável e com grandes possibilidades de remuneração se o trabalhador for empenhado e fizer seu serviço bem-feito.

Com isso, você pode buscar plataformas especializadas e começar ainda hoje a fazer a narração. Há grandes chances de ser bem remunerado por isso no longo e médio prazo.

Como você é pago?

Existem 3 maneiras de ser pago pelo trabalho como narrador:

- Por hora finalizada (um pagamento de taxa fixa para todo o livro).
- Compartilhamento de royalties (você divide os royalties 50/50 com o autor ou "detentor dos direitos").
- Participação de royalties mais (uma combinação de participação de royalties e PFH).

9.7 Como você pode começar?

Aqui está o que você precisa fazer para começar:

- Reúna o equipamento.
- Crie um perfil de narrador gratuito no ACX.
- Configure um espaço tranquilo em sua casa para gravar (armários funcionam muito bem).
- Crie de 1 a 3 amostras de áudio para carregar em seu perfil ACX.
- Você pode criar amostras de áudio usando o Audacity (que é gratuito) ou o software de gravação profissional de sua escolha. Amostras tornam seu perfil mais completo e profissional, então eu recomendo adicionar um ou dois ao seu perfil antes de começar a audição.
- Comece a fazer testes para livros disponíveis no ACX e continue fazendo isso até conseguir sua primeira oferta.

9.8 Como escolher o estúdio ideal para a produção?

Cada produtora tem um estilo de gravação e edição, pergunte mais sobre a produtora se ela já teve experiência em gravar algum audiolivro.

Essa pergunta pode parecer algo simples, mas vai fazer toda a diferença. Gravar um spot ou uma música de 3 minutos é muito diferente de gravar um audiolivro de 10 horas. São mais de 60x mais trabalho ao fazer um audiolivro que uma música.

A experiência do estúdio é essencial para garantir que a produção esteja de acordo com os preparativos da produção.

A próxima pergunta que você precisa fazer é se o estúdio está bem isolado. Duvide sempre da acústica, teste, pergunte, sinta a reverberação do estúdio. O local de gravação é essencial.

A captação limpa é essencial para a qualidade de seu audiolivro. Qualquer "ruído externo", não pode aparecer na gravação. A má qualidade, a captação do estúdio e alguns outros fatores mencionados anteriormente vai influenciar no resultado final do audiolivro.

Para seu projeto de audiolivro é necessário ter atenção em alguns detalhes como a qualidade do estúdio, profissionais e conhecimento da produtora pois isso influenciará no resultado final do seu audiolivro.

10 FORMA 8 - GANHE DINHEIRO COM UMA LOJA VIRTUAL.

Uma loja virtual é, basicamente, um ambiente para transações comerciais na plataforma da Internet. Mas, convenhamos, elas são muito mais do que isto.

- É um conjunto de funcionalidades direcionado para o comércio on-line.
- Pode ser utilizado em diversas plataformas, tais como notebook, desktop, celular e tablets. Não há limites para sua portabilidade.

10.1 Como se trabalha com lojas virtuais.

Uma loja física tem limites próprios de sua proposta. Depende de infraestrutura, localização, ambiente e divulgação para ser vista. A loja virtual extrapola estes limites e oferece seus produtos na web todos os dias, 24 horas por dia.

A partir do seu surgimento em meados dos anos 1990, as lojas virtuais causaram uma mudança radical no comércio varejista.

Dispensada a presença física do comprador, vendedor e mercadoria no momento da transação, a operação torna-se mais rápida e com vários custos reduzidos.

Este tipo de site depende das qualidades de seu provedor de serviços de hospedagem e deve disponibilizar aos clientes diversas opções de pagamento. O boleto bancário, paypal e o cartão de crédito são os meios mais utilizados neste tipo de comércio.

Se você tem uma loja virtual ou está planejando criar uma, fique atento às nossas dicas sobre o serviço de atendimento ao cliente e saiba como fazer com que seus consumidores fiquem cada vez mais satisfeitos!

Para abrir uma Loja Virtual não é necessário ter uma empresa aberta. O CPF é suficiente para abrir sua loja e começar a vender!

Entretanto, cabe ressaltar que, independentemente do porte da empresa, é importante que formalize a empresa e faça a devida a prestação de contas com a Receita Federal.

Só assim será possível emitir nota fiscal e demonstrar sua seriedade a seus clientes.

10.2 O que o cliente espera do serviço de atendimento da loja virtual?

Quando falam com um comércio eletrônico, os clientes apresentam algumas expectativas que são normais em qualquer segmento e que podem ser observadas através de alguns pontos básicos:

- O cliente espera que o responsável pelo atendimento tenha o compromisso de ajudá-lo naquilo que precisa;
- O cliente espera que o responsável pelo atendimento ofereça sugestões de propostas e de melhorias;
- O cliente espera que o responsável pelo atendimento não coloque os próprios interesses sobre os seus; e,
- O cliente espera que o responsável pelo atendimento o atenda com disponibilidade sempre que for necessário.

Isso tudo pode parecer simples à primeira vista, mas as pesquisas mostram que a maior parte das empresas não consegue a satisfação de pelo menos 60% de seus clientes.

Um dos principais motivos para isso é que os responsáveis pelo atendimento não têm as competências exigidas para desempenhar suas funções.

10.3 Tipos de lojas virtuais.

Tipos de lojas virtuais:

- Loja própria - espaço de vendas exclusivo, desenvolvido de forma personalizada por uma agência ou equipe digital.
- Loja em um shopping virtual - loja contratada junto a um site de vendas que agrega outras lojas.
- Loja pronta - loja criada pelo empreendedor a partir de modelos prontos.

A loja pronta é a forma mais prática e acessível de comercializar seus produtos na internet.

Além de fácil criação e administração, muitas ferramentas são gratuitas e os designs disponíveis são atraentes.

10.4 Diferenciais.

Os sistemas de venda podem ser adquiridos de terceiros ou desenvolvidos internamente, mas é fundamental que deem respostas ágeis e eficientes aos usuários 365 dias por ano, 24 horas por dia.

Uma maneira de evitar problemas de segurança é a certificação do site, além de outras medidas de segurança já acessíveis ao empreendedor na internet.

É importante ter em mente que o relacionamento empresa-cliente começa antes da venda e continua no pós-venda com a fidelização que trará o cliente de volta para uma próxima compra.

Tenha em destaque os links para o suporte no caso de dúvidas, devoluções e trocas. E esteja atento às reclamações. Elas trazem indicações importantes de como sua loja deve melhorar.

Faça uma boa gestão do seu estoque. Uma situação muito constrangedora é você vender um produto que está esgotado. Para evitar esta situação que depõe muito contra sua loja virtual é aconselhável que você acompanhe constantemente o estoque e mude o status dos produtos indisponíveis para que não sejam adquiridos incorretamente pelo cliente.

É importante também identificar os produtos que vendem mais e o comportamento das vendas para ter uma reposição eficiente do estoque. Quanto maior for a sua taxa de conversão, maior deverá ser o seu estoque.

Você deve procurar ter a maior variedade possível de bandeiras, Paypal, boleto bancário e outras formas que forem surgindo. Se você não oferece alguma forma de pagamento que seja a preferida pelo cliente ele desistirá da compra.

Basta ele mudar de site para encontrar outra loja que tenha o mesmo produto e aceite a forma de pagamento que você não tem.

Fique de olho nos casos em que alguém não finalizou a compra com o produto no carrinho. Em muitos casos o problema foi a forma de pagamento. O indicado é ter pelo menos três opções de bandeiras, boleto e débito. E tenha cuidado ao escolher as empresas para não ficar em dificuldade com a aprovação dos valores ou parcelas.

Figura 36 – O atendimento ao cliente faz toda a diferença.

O atendimento ao cliente deve ser cordial e muito atencioso. Seja por e-mail, telefone ou chat, sempre inicie o diálogo com palavras como "olá" ou "boa tarde" e finalize com "obrigado" ou "fico à disposição".

Mesmo que o cliente faça perguntas que já constem na descrição do comércio eletrônico, dedique-se a respondê-las com boa vontade. Essa é uma das características que faz com que o consumidor sinta confiança para comprar da sua empresa.

Um dos pontos mais importantes do serviço de atendimento ao cliente é o pós-venda, que se aplica a duas situações distintas. A primeira é quando o cliente precisa trocar um produto por defeito ou insatisfação. Nesse caso, o seu atendimento deve ser semelhante ao de uma venda, sem tratar de forma diferenciada por ser uma troca.

O outro caso é quando o processo de compra foi bem-sucedido e o seu comércio eletrônico quer manter o vínculo com o consumidor para fidelizá-lo. Essa relação deve ser estabelecida de forma genuína, sem mensagens excessivas, que afastam mais do que aproximam os clientes.

Quando falamos em atender, estamos falando em servir. Para oferecer um bom atendimento ao cliente, a loja virtual precisa de pessoas que sintam prazer em servir e que tenham motivação para resolver problemas. Em resumo, as dúvidas apresentadas devem ser transformadas em soluções.

Para o cliente, não há nada mais frustrante do que comprar um produto que tem problemas e não seja amparado por um local físico pela marca. O serviço de atendimento ao cliente deve ser cordial e ágil o suficiente para acolher o consumidor e apresentar uma maneira coerente de resolver qualquer problema.

Um bom atendimento ao cliente deve ser marcado por duas palavrinhas: simpatia e empatia. Ambas estão ligadas aos conceitos de envolvimento entre pessoas e são essenciais para o atendimento perfeito.

Enquanto a simpatia atrai e motiva o cliente, a empatia faz com que o atendente se coloque no lugar do consumidor, procurando conhecê-lo melhor e servi-lo de acordo com o que ele precisa e espera da marca.

O profissional que atende um cliente deve se expressar de forma segura, clara, objetiva e transparente. As informações devem ser passadas de forma correta e precisa, sem que sejam feitas afirmações sobre as quais o atendente não tem certeza.

Lembre-se que enganar o cliente fará com que ele nunca mais retorne à sua loja. Além disso, você ainda corre o risco de ele reclamar nas redes sociais e, com razão, espalhar a experiência negativa com o círculo social.

10.5 Vantagens e desvantagens.

Vantagens.

- A internet não tem fronteiras geográficas, ou seja, você pode conquistar clientes de qualquer lugar do planeta.
- Produtos em estoque para sites de comércio eletrônico não precisam ser exibidos, podendo ser armazenados de forma compacta em um centro de distribuição.
- Uma loja virtual nunca fecha.
- A internet é um meio que oferece várias ferramentas para o relacionamento com o público, apresentação do negócio e melhoria da gestão da empresa.

Desvantagens.

1. Inexistência da opção de experimentar o produto

Isso é válido principalmente para mercadorias como roupas e calçados.

Nas lojas físicas, podemos prova-los à vontade, além de poder tocar a peça, verificar seu material, a qualidade... Já nas lojas virtuais, o consumidor tem que se contentar com as imagens e descrição do produto.

Muitas vezes, as roupas e outros artigos acabam deixando a desejar, por conta da qualidade, diferença de cor etc. Afinal, as fotos podem enganar muito! Por isso, é fundamental fazer uma descrição precisa das suas mercadorias.

2. Insegurança por parte dos clientes

Apesar de vivermos a era online, muitas pessoas seguem "à moda antiga" de não comprar em lojas virtuais. Em alguns casos pode ser por falta de conhecimento, mas boa parte se dá pela insegurança. Muitos consumidores têm receio de comprar em uma loja desconhecida por medo de não receber o produto ou até mesmo de informar seus dados pessoais e bancários.

3. Atrasos e danificações do produto

Ao menos uma vez você irá sofrer com o atraso dos seus produtos, e nem será por sua culpa, e sim pelas transportadoras. É comum haver este atraso, e, infelizmente algumas mercadorias mais frágeis estão sujeitas a serem danificadas durante o transporte, fazendo com que o consumidor se decepcione ao receber o pedido.

Para evitar que isso aconteça, é fundamental embalar bem suas mercadorias, envolvendo-as em papelão ou qualquer outro material resistente, que faça com que a caixa do produto fique firme, e que o produto não fique "solto" e balançando dentro da embalagem.

De qualquer maneira, mesmo com estas desvantagens, é totalmente possível converter estas situações, prevenindo-se para evitar maiores problemas e reclamações. Estes fatores serão criteriosos para o sucesso ou não do seu negócio

A seguir, vamos explicar como funcionam essas e outras estratégias para você colocar a mão na massa e criar o seu negócio online. Confira!

10.6 Escolha do mix de produtos.

O primeiro passo é saber o que você vai vender. A escolha desses produtos é indicada a partir do seu investimento inicial. Se você quer ter um e-commerce de calçados, mas não pode começar com sapatos mais elaborados, que tal vender sapatilhas? Assim, você amplia o seu negócio de acordo com o seu crescimento.

O ideal é que o mix de produtos ou serviços escolhidos seja algo de seu conhecimento, facilitando o processo de escolhas, como preços, estoque ideal, material de divulgação e promoção.

10.7 Passos para criar sua loja virtual.

10.7.1 Definição do nome da loja virtual.

Uma vez que você já sabe o que vai vender, escolha um nome coerente com o segmento. Por exemplo, se a sua loja vende sapatilhas para mulheres que calçam entre 34 e 35, o nome do empreendimento poderia ser "Pé de Princesa".

Após definido o nome, crie um logotipo identificando, inclusive, as cores predominantes. Na Bertholdo, por exemplo, foi utilizado um tom de roxo que acompanha todos os materiais que representam a marca.

O nome da loja virtual também deve ser adequado ao público, sendo atrativo e fácil de memorizar. Um erro comum é adotar termos que não são bem compreendidos, como palavras em inglês, quando a audiência é composta de pessoas mais simples.

10.7.2 Análise da concorrência.

O próximo passo pode ser feito em conjunto com o primeiro e com o segundo, uma vez que as informações coletadas nele podem influenciar as duas decisões. Ele consiste no entendimento da concorrência, ou seja, de quais outras empresas já fazem a venda online do mix selecionado de produtos.

Para isso, faça buscas online sobre os itens e sobre a região em que deseja vender e entenda a estratégia de venda de cada concorrente para identificar oportunidades e ameaças ao seu negócio. Por exemplo, se todos oferecem frete grátis, é muito indicado que a sua loja virtual também tenha esse benefício para

atrair os consumidores. Assim, esse custo tem que ser considerado na sua estratégia de vendas.

10.7.3 Seleção da plataforma de e-commerce

Agora é o momento de selecionar a plataforma para o desenvolvimento da sua loja. Existem muitas opções disponíveis e a escolha deve ser feita considerando o custo-benefício, as funcionalidades oferecidas, o suporte e a estratégia do seu empreendimento.

10.7.4 Customização da loja virtual

Com a plataforma já escolhida, monte a sua loja com os tons da identidade visual e alinhe os módulos que serão necessários para o funcionamento do seu e-commerce — como Correios, boleto, cartões de crédito e débito.

Nesse momento, você precisa otimizar a sua loja de acordo com as suas necessidades. O importante é acompanhar a usabilidade do seu site junto aos clientes, assim, ela nunca ficará defasada. Por isso, procure estudar mais sobre os motivos para você manter a sua loja virtual sempre atualizada.

10.7.5 Inclusão de imagens e descrição de produtos

Depois de customizar o sistema e a identidade visual da sua loja virtual, será o momento de incluir as imagens, as descrições e as informações sobre os seus produtos. O ideal é que as fotos tenham uma alta resolução e consigam mostrar os atributos de cada item.

Além disso, é indicado que as descrições sigam as boas práticas de SEO (Otimização para Motores de Busca, em português), que nada mais é do que adotar palavras-chave usadas pelos clientes em suas buscas, sendo direto, informativo, criativo e objetivo.

Para entender melhor, no exemplo da sapatilha tamanho 34 ou 35, um bom título para um dos itens seria "Sapatilha Moleca Tam 34" e sua descrição "Compre Sapatilha Moleca Tam 34 no Pé de Princesa. Frete grátis a partir de R$ 150. Entregamos em todo o Brasil".

10.7.6 Segurança para a loja virtual

É importante ressaltar que a segurança da sua loja virtual é um dos fatores principais para a fidelização de clientes. Por isso, tenha em mente que o seu e-commerce deve ser atualizado de forma constante. Uma dica é contratar uma empresa especializada na área, assim, você não correrá riscos e também evitará transtornos.

Ainda falando sobre a segurança, uma das características a ser destacada é o ambiente criptografado, que permite que pessoas de todo o mundo comprem em sua loja virtual sem o risco de vazamento de dados. Essa proteção só é possível por meio do certificado SSL – Security Socket Layer.

10.7.6.1 Definição do plano de marketing

Um dos principais erros de um novo empreendedor é não ter um orçamento definido para o time de marketing. O ideal é que seja separada uma quantia mensal para investir em ações de comunicação e de divulgação do seu e-commerce.

Esse valor pode ser pequeno, mas ele é indispensável. Para a sua otimização, é indicado ter um plano claro de investimentos, com um calendário de ações para o período (mês, trimestre etc.). Exemplos positivos de atividades incluem a compra de anúncios online e a promoção de publicações nas redes sociais.

Faz parte das atividades do marketing pensar nas descrições dos produtos e no plano de investimento do orçamento, bem como criar e gerir as redes sociais e definir estratégias de relacionamento com os clientes, garantindo a sua satisfação e também a fidelização.

Vamos começar então determinando o custo da plataforma de e-commerce, coração de todo o negócio. Esse é um custo que vai depender muito do tamanho do negócio que você pretende montar e dos recursos que você irá precisar.

Figura 37 – Adicione ao carrinho.

Você terá na verdade três opções de plataformas para montar a sua loja virtual:

- Plataformas open source.
- Plataformas alugadas – SaaS.
- Plataformas exclusivas.

Nas plataformas de e-commerce open source, sistemas de código livre que você pode baixar, instalar e configurar, existem inúmeras opções disponíveis no mercado.

Embora pareça simples, na verdade é preciso ter um conhecimento de programação muito bom para poder instalar corretamente sistemas mais sofisticados como o Magento. Por isso, não se iluda, você vai precisar contratar um programador ou empresa especializada.

Para que você e possa ter uma ideia de quanto custa montar uma loja virtual utilizando a solução Magento Commerce, um bom profissional ou empresa especializada cobra em torno de R$ 10.000 para instalar e configurar o sistema.

Já na categoria de lojas virtuais alugadas, a dispersão de preços é muito grande. São dezenas de fornecedores com as mais diversas propostas, e por isso é preciso analisar detalhadamente cada uma para não errar na escolha. São diversos fatores a serem levados em consideração.

Para quem quer saber quanto custa montar uma loja virtual com uma plataforma de e-commerce alugada, podemos adiantar que o inicial começa por volta de R$ 30,00 e pode chegar até mais de R$ 8.000 nos modelos mais sofisticados.

Aqui vale uma dica importante. Não se escolhe uma plataforma de e-commerce pelo preço, e sim pelas funcionalidades e outros quesitos técnicos que ela oferece. O ideal é pedir um orçamento para plataforma de e-commerce a diversos fornecedores e analisar bem as suas propostas.

Por último você teria a opção de uma plataforma exclusiva. Nesse caso, não há como dizer qual é o patamar de preço, já que o orçamento depende de inúmeros fatores. O que podemos adiantar é que o investimento é muito alto e por isso pouco aconselhável para quem está iniciando agora.

10.8 Montada a loja é hora de divulgar o negócio.

Com a loja virtual e a estratégia de marketing prontas, é o momento de fazer o seu lançamento e começar a sua divulgação para atrair consumidores. O ideal é usar indicadores de performance para medir a eficiência de cada canal e de cada estratégia usada.

O uso de métricas permite que o gestor avalie as melhores práticas e direcione melhor o orçamento da empresa. Assim, os produtos mais buscados podem ganhar destaque na loja virtual e sofrer modificações de preço para aumentar a satisfação e os resultados em vendas.

10.8.1 O grande custo de uma loja virtual está na divulgação do negócio.

Como já dizia Jerry Young, um dos fundadores do Yahoo, um site sem divulgação é como um outdoor no porão da casa, ninguém vê.

No caso específico do e-commerce, temos algumas áreas que não podem ficar de fora em uma estratégia de marketing online:

- SEO – Otimização de sites para ferramentas de busca.
- Links Patrocinados – Anúncios pagos no Google e outros canais.
- E-mail marketing.
- Redes sociais.

10.8.2 O custo de divulgação da loja virtual.

Montar um e-commerce sem preocupação com a divulgação da loja virtual é o famoso tiro no pé. Se na loja física todo mundo fica preocupado com a propaganda, porque agir diferentemente quando o assunto é a criação de uma loja virtual. Elas precisam de muita divulgação seja através de estratégias de SEO ou SEM.

Se você não consegue ser listado(a) em ferramentas de busca em posições de destaque, isso compromete em muito o sucesso do negócio.

O marketing digital desempenha papel fundamental no plano de negócios de qualquer projeto de e-commerce hoje em dia. Relevar essa variável de custo de uma loja virtual é não levar a sério o seu próprio projeto.

Dentro de qualquer planejamento esta verba deve ser determinada com bastante critério, pois nos primeiros momentos da loja o uso do marketing digital é bastante intensivo. Treinamento em comércio eletrônico é investimento.

10.8.3 Mapeamento da jornada do cliente.

Mapear a jornada do cliente é o processo de identificar o percurso que ele faz desde o primeiro contato com a sua loja virtual até o momento de realização de uma compra. Isso permite que você entenda, por exemplo, os motivos que levam o usuário a abandonar o carrinho ou não fechar um negócio.

O mapeamento envolve todos que têm contato direto com o consumidor, de modo que se possa ter uma visão completa sobre o que ele espera da empresa e o que, de fato, recebe.

10.8.4 Investimento em anúncios.

Os anúncios são uma estratégia de mídia paga que pode ser muito útil para quem está começando uma loja virtual. No Google Ads, a plataforma de anúncios do Google, você pode criá-los para um público segmentado de acordo com as palavras-chave mais úteis para encontrar a sua marca nos resultados de busca.

Dessa forma, sempre que o usuário pesquisar por determinados termos, o Google vai mostrar os seus anúncios no topo dos resultados de busca, garantindo cada vez mais tráfego para a sua loja virtual. O melhor de tudo é que você só paga por cada clique.

10.8.5 Investimento no mobile.

O mobile deixou de ser apenas uma tendência no e-commerce para se tornar uma estratégia fundamental para atrair clientes. Uma pesquisa recente mostra que 85% dos brasileiros com smartphone compram online. Com o aumento do público que realiza aquisições na internet, esse número tende a crescer nos próximos anos.

Contar com operações mobile, adaptadas a diferentes dispositivos móveis, assegura que os consumidores terão boas experiências com a compra independentemente do aparelho que utilizam. Quando o site não é responsivo, o tempo de carregamento das suas páginas geralmente é muito longo em dispositivos móveis, o que afasta os potenciais clientes.

10.9 Clareza na política de privacidade.

A política de privacidade deve ser uma prioridade para quem deseja montar uma loja virtual ou para quem está em fase de aperfeiçoamento de uma que já está ativa. Trata-se de um documento que deve explicar como a empresa coleta, armazena, protege, manipula e compartilha os dados do seu usuário.

Além de garantir mais credibilidade e mais transparência no relacionamento com o público, o documento permite que a loja virtual atenda a obrigações legais. A Lei Geral de Proteção de Dados Pessoais (LGPD) e o Marco Civil da Internet são, por exemplo, duas normas que atestam a necessidade de contar com uma política de privacidade clara.

11 FORMA 9 - GANHE DINHEIRO EM SITES DE COMPRA E VENDA.

Uma das melhores ideias para ganhar dinheiro rápido é vender coisas online. Por exemplo, você pode vender roupas, móveis e bolsas de sua própria casa ou comprar e revender itens de maior valor, como laptops, TVs ou telefones.

Você pode comprar esses produtos on-line em sites como o AliExpress ou em brechós e brechós locais - uma ótima maneira de ganhar dinheiro rapidamente e ganhar dinheiro extra.

Alguns dos sites de compra e venda mais buscados são OLX, Mercado Livre, Enjoei e eBay. Esses sites cobram uma taxa razoavelmente pequena em cima do seu lucro.

Para vender em sites assim, você precisa escolher um produto que não seja encontrado tão facilmente em qualquer loja, e que você possa comprá-lo por um valor competitivo para poder adicionar a sua margem de lucro e ainda se manter competitivo em relação a loja física.

Muitas pessoas usam essa forma de como ganhar dinheiro online e faturam muito todos os dias.

Dicas para vender muito:

- Tire fotos de ótima qualidade, que permitem uma visualização completa do produto;
- Tenha uma descrição bem elaborada, para convencer o cliente a comprar sua mercadoria;
- Ofereça garantia;
- Tenha diferentes opções de pagamento;
- Informe como o produto será entregue;
- Use boas caixas e embalagens;
- É importante encontrar bons fornecedores, que tenham regularidade em estoque e entrega, possuam produtos de qualidade e com preços diferenciados para atacado. Assim você conseguirá obter um bom lucro na venda.

PARA QUEM COMPRA

 Pesquise preços: para saber se vale a pena levar o produto, cheque a faixa de preço da mesma peça na coleção atual. Com essa noção, você decide se a compra é uma boa opção

 É necessário ter muita cautela para não comprar produtos não originais. Pergunte ao vendedor se ele oferece garantia e nota fiscal

 Como você desconhece a origem dos produtos, pode levar um susto ao descobrir, principalmente no caso de eletrônicos, que são falsos ou até roubados

 Pense na forma de pagamento antes de efetuar a compra

 Invista naquilo que realmente precisa: sair comprando só porque achou peças mais baratas do que o habitual acaba fazendo com que gaste ainda mais

 No caso de eletrônicos, redobre sua atenção: observe um botão com mau contato, uma tela trincada ou uma bateria que já não dura tanto ou verifique se o aparelho está lento, para de funcionar ou esquenta muito

 Salve e imprima todo o processo de compra. Assim, caso a aquisição não chegue até você, terá todas as provas de que efetuou o pagamento

 Conexão segura: veja se a página têm conexão de segurança. Para fazer isso, basta verificar se o site começa com **https://**

PARA QUEM VENDE

 Para precificar, observe quando pagou pelo produto novo e considere o modelo, a idade e a marca

 Não minta ou esconda se houver defeitos na peça

 Seja direto e sincero na descrição do produto

 Para negociar, você pode fixar o preço com uma margem que seja interessante

 Faça uma pesquisa de mercado com similares novos e usados

 Cuide da exposição do produto. Uma boa fotografia e uma iluminação adequada valorizam os produtos

 Para sua segurança, se tiver que encontrar o comprador, marque num local bastante movimentado, como um shopping

 Procure sites para fazer a cotação online

Figura 38 – Dicas de sucesso para quem compra e quem vende.

Todos esses detalhes devem ser desenvolvidos com total atenção, pois são imprescindíveis para vender mais e conquistar clientes fiéis

Mas atenção!

Não largue seu emprego para fazer isto, a menos que saiba que vai ter sucesso e já tenha compradores regulares.

É melhor fazer uma boa pesquisa para ter a certeza de que está fazendo um ótimo negócio e não está sendo enganado. Se você está encontrando as pessoas frente-a-frente, tenha certeza de que tais pessoas são confiáveis.

11.1 Para ser um bom mercador na Internet preste atenção a estas dicas.

11.1.1 Decida o que você quer comprar e vender.

Você pode vender uma variedade de coisas, mas é melhor se especializar em um só mercado.

Você pode comprar e vender quase qualquer coisa. Você pode comprar e vender coisas materiais, como laranjas e guarda-chuvas, ou coisas não-materiais, como um serviço ou uma participação comercial.

Lembre alguns princípios. Quanto mais raro algo for, mais as pessoas pagarão por este algo se elas quiserem ou precisarem dele. Isto é chamado de oferta e demanda. Deste modo, um diamante natural custa mais do que um artificial, porque os naturais são muito mais raros.

Quanto mais trabalho ou perícia vai em um produto ou serviço, mais irá custar. Algo que demora muito tempo para ser feito, ou algo que somente pode ser oferecido com vários degraus de especialização ou um longo treino, irá custar muito mais do que algo que pode ser feito por qualquer pessoa.

11.1.2 Pesquise o mercado.

Você absolutamente precisa saber o preço médio do seu produto ao vendê-lo ou comprá-lo de alguém que sabe seu valor.

Os mercados onde você pode fazer a pesquisa podem ser lojas de varejo, atacado, internet ou outros avaliadores. Se você puder, veja como está o valor do produto nas vendas e compras de mercados abertos, como o Ebay ou o Mercado Livre.

O valor de mercado do seu produto ou serviço irá flutuar de vez em quando dependendo de uma série de circunstâncias. Enquanto o preço do leite tem mudado pouco nos últimos dez anos, os preços do ouro e do óleo bruto têm mudado consideravelmente.

11.1.3 Encontre um fornecedor para suprir sua mercadoria.

Certifique-se de que tal fornecedor é confiável e que ele irá vender os produtos para você por um preço mais baixo do que você irá conseguir ao revender.

Estes fornecedores normalmente venderão em atacado. Alguém que vende em atacado normalmente é um intermediário que compra os itens e os vende para alguém que trabalha com varejo (mudando pouco ou nenhum valor), e que posteriormente vende para um cliente.

Se você puder comprar produtos diretamente do fabricante, você corta o intermediário e pode normalmente fazer mais dinheiro com seu produto. Sempre que possível, tente comprar seu produto diretamente do fabricante, já que assim você não tem que pagar a parte do intermediário.

11.1.4 Comprar barato, vender por um preço melhor.

Preste atenção no mercado para saber exatamente quando vender. Você deve encontrar um mercado sustentável, e com o qual você possa contar.

Como regra geral, você quer comprar baixo e vender alto. Isto significa comprar seu produto no menor preço possível e vendê-lo pelo maior preço possível. Isto irá lhe dar o maior lucro.

Existem alguns poréns nesta regra. Geralmente, quando você compra um produto por um preço mais barato, a qualidade do produto não é tão boa. Então, por exemplo, você pode comprar um guarda-chuva por R$ 10,00 e vendê-lo para alguém por R$ 30,00 e isto irá significar que você comprou baixo e vendeu alto.

Mas, a qualidade do seu guarda-chuva pode não ser boa. Você poderia, no entanto, comprar um guarda-chuva de alta qualidade por R$30,00 e vendê-lo para alguém por R$ 100,00. Você provavelmente irá fazer menos vendas individuais deste modo, mas o lucro total das suas vendas poderá ser maior.

11.2   Sites de compra e venda na Internet.

Tente vender seus produtos em várias plataformas e marketplaces em vez de apenas um. Quanto mais lugares seus produtos estiverem, maior a probabilidade de as pessoas encontrá-los.

Existem centenas de sites de venda online, todos com seus próprios nichos e taxas de comissão. Alguns exemplos são:

1. Mercado Livre.

O MercadoLivre permite vender praticamente qualquer coisa, e o melhor: sem ter que pagar pelo anúncio. Para produtos usados, você sempre poderá anunciar e vender grátis, sem pagar tarifas.

Além disso, os primeiros anúncios de produtos novos na plataforma também são grátis. Os anunciantes podem criar anúncios "infinitos", sem limite de tempo. O site tem apps que rodam em Android e iOS.

2. Enjoei.

O Enjoei é uma ótima forma de vender seus produtos, pois além de ter um layout bem bacana, a ferramenta oferece frequentemente uma série de descontos para incentivar o fluxo de compras e vendas.

Isso faz não só com que você tenha mais chances de comprar algo com um bom desconto, mas também atrai compradores. Apesar de não cobrar pelo anúncio, o site fica com 20% das vendas.

3. OLX.

O OLX abriga o antigo site Bom Negócio. Agora, com os dois juntos, os serviços criaram uma ferramenta ainda melhor. O site também não cobra nada pelo anúncio de um produto, e anuncia, automaticamente, para vários estados do Brasil, o que aumenta as chances de venda.

Diferente do MercadoLivre, ele funciona como um classificado e não media transações financeiras.

4. Uzlet.

O Uzlet é restrito apenas para smartphones. A proposta é parar de guardar celulares antigos na gaveta de casa e ganhar dinheiro com eles. Para começar a vender, basta fazer o cadastro no site e selecionar o que você deseja vender. Uma vez vendido, basta enviá-lo ao novo proprietário pelos Correios.

5. Desapega.

O nome do site já diz tudo. Chega de se apegar àquela roupa que não serve mais ou àquele móvel que não combina com o sofá. A ferramenta oferece diversas categorias, como homens, mulheres, crianças, novidades e promoções.

Porém, diferente de alguns sites, como o Enjoei, que já paga o frete do usuário, no Desapego o frete é responsabilidade do vendedor. É ele que deve arcar com as despesas do envio e solicitar reembolso após a entrega do produto em seu destino final.

6. Peguei Bode.

A plataforma surgiu da parceria entre as irmãs Gabriela e Daniela Carvalho, que deram início ao site de vendas online de peças seminovas. Diferente dos outros, o Peguei Bode é mais conhecido por ter marcas de grife como Hermés, Chanel, Prada, Gucci e Balenciaga.

7. Que Barato.

O Que Barato oferece aos clientes uma forma segura de publicar anúncios grátis e sem comissão. Nele, você encontra ofertas de diferentes produtos como carros, motos, caminhões – usados e novos -, além de oportunidades de casas

e apartamentos na sua região. A grande diversidade é uma parte muito atrativa do site, mas não são todos que gostam. O serviço tem muitos anúncios, o que dificulta o processo de busca por coisas novas, mas nada que comprometa.

12 FORMA 10 - CRIADOR DE CONTEÚDO PARA A WEB.

O Criador de Conteúdo é o profissional que produz conteúdos na internet, seja em formato de texto, vídeo, imagem ou áudio. Pense naquela confeiteira que cria vídeos ensinando deliciosas receitas no Facebook ou na blogueira que viaja pelo mundo e posta dicas dos melhores destinos em seu blog. E ainda, você acompanha aquele especialista em finanças que dá dicas de investimentos em seu canal no Youtube?

Figura 39- A nuvem do criador de conteúdo.

Pois é! Caso você não saiba eles são exemplos de criadores de conteúdo, que ensinam ou divertem sua audiência na internet, compartilhando aquilo que sabem fazer de melhor: entreter ou ensinar com seus conhecimentos e talentos!

É necessário que você perceba que para ter destaque como criador de conteúdo para web, é necessário:

- Dominar as Redes Sociais.
- Escrever conteúdo de qualidade e direcionado para o público da marca.
- Desenvolver uma escrita persuasiva.
- Utilizar técnicas de SEO.
- Conhecer muito de Inbound Marketing.
- Entender o que os clientes querem ver na página da marca.

- Ter um portfólio sempre disponível para mostrar suas habilidades como produtor de conteúdo e consiguir mais oportunidades.

Mas observe que é necessário bastante trabalho, paciência e dedicação para ter sucesso, pois só assim os resultados vão surgir. Contudo, apenas isso não é suficiente, você deve focar em algo que traga ganhos reais e sustentáveis para você, pois esse é o objetivo.

Mas por que essa profissão está em alta hoje em dia? Neste post, vamos te contar os motivos pelos quais os criadores de conteúdo se tornaram os queridinhos das marcas para divulgar seus produtos, e como você pode tirar proveito dessa profissão.

12.1   Entenda a origem da profissão.

O bom usuário raiz da internet, que trabalha com marketing digital há algum tempo deve lembrar do Flogão ou do Fotolog. Nesses blogs vimos os primeiros vestígios do que hoje entendemos como influenciadores digitais.

Pessoas comuns publicavam fotos e textos sobre seus dias. Alguns chamavam mais atenção que outros e acabavam atraindo seguidores de diferentes localidades do país — o que realmente era um grande feito na época da internet discada.

Depois disso, o Orkut virou febre e os criadores das comunidades mais populares eram os famosos da internet. Algumas blogueiras também começaram a se destacar desde então, como a Taci Alcolea e a Mari Moon. Em seguida surgiram o YouTube e o Twitter; e depois o Face-book e o Instagram.

Não é de hoje que as marcas se unem a pessoas de relevância online para levar seus produtos a mais pessoas. Porém, certamente a profissionalização desse tipo de serviço tem atingido níveis inéditos.

12.2   O cenário atual - a co-criação.

Justamente por conta dessa profissionalização, as exigências de ambas as partes — marcas e criadores de conteúdo — cresceram bastante.

De um lado, pessoas com uma legião de seguidores perceberam uma grande oportunidade de gerar renda a partir desses números; as marcas, por sua vez, começaram a cobrar entregas mais caprichadas para justificar o alto investimento.

Figura 40 - A co-criação permite o trabalho em colaboração.

Assim, a ideia de influenciar simplesmente por influenciar começou a fazer cada vez menos sentido. O que vemos no lugar é a ideia da co-criação. A união de marcas e criadores de conteúdo deve ser algo realmente orgânico e que faça sentido para o público do influenciador.

A grande maioria dessas pessoas ganha notoriedade e relevância por conta da criação de um conteúdo espontâneo. Assim, o público logo percebe os casos em que a pessoa divulga algo que provavelmente não consome, o que pode ser prejudicial tanto para a marca como para o criador de conteúdo.

Agora chegou a hora de escolher que tipo de Criador de Conteúdo você será:

1. Influenciador.

De modo geral, um influenciador digital é alguém que tem um perfil ativo em pelo menos uma rede social. Para ser assim considerado, é preciso, no mínimo, ter um número relevante de seguidores e um grande volume de publicações e interações.

Podemos também nos ater ao significado da palavra. Dessa forma, um influenciador também é aquela pessoa que faz — ou tem o potencial de fazer — a diferença em uma decisão de compra ou na formação de uma opinião, por exemplo.

2. Micro influenciador.

Como o nome diz, o micro influenciador exerce o mesmo papel do influenciador, mas em um espectro menor. O mais comum é que esse influenciador tenha uma relevância local, ainda restrita a uma única cidade ou estado.

Não existe um consenso sobre o número de seguidores e esse parâmetro depende dos interesses da marca. Porém, podemos considerar que pertence a essa categoria quem tem até 50 mil seguidores. Esses influenciadores podem ser grandes aliados de marcas regionais, especialmente pela proximidade com o público pretendido por essas empresas.

Thaynara OG, por exemplo, começou como micro influenciadora em São Luiz, até estourar no Snapchat e se tornar sensação no país todo.

3. Content creator.

Atenção, porque aqui as definições ficam mais complexas. Para ser considerado content creator, o influenciador precisa oferecer algo aos seus seguidores. Sim, é possível influenciar sem oferecer conteúdo — e temos alguns exemplos logo abaixo.

O criador de conteúdo é aquele que usa suas redes sociais (ou até mesmo outras plataformas) para agregar algum valor àquilo que oferece aos seus seguidores, mesmo nos casos em que não há uma marca fomentando isso.

Aqui estamos falando, por exemplo, de blogueiros que sempre publicam dicas de viagens, instagramers que trazem dicas de looks e youtubers que falam sobre os mais variados assuntos.

4. Celebridade.

As celebridades talvez sejam os principais exemplos de influenciadores que não produzem conteúdo. Bruna Marquezine, por exemplo, já passa dos 36 milhões de seguidores, faz diversas parcerias pagas com marcas no seu Instagram, mas não podemos dizer que ela seja uma criadora de conteúdo.

Ainda não se convenceu? Fernanda Souza e Giovanna Ewbank podem nos oferecer um bom contraponto. As duas são atrizes e apresentadoras e certamente conquistaram seus muitos seguidores por conta de seus trabalhos na telinha. Porém, elas também têm canais no YouTube, dedicam tempo, energia e dinheiro no planejamento e na produção desses conteúdos.

5. Autoridade.

Em geral, autoridades são aqueles influenciadores que ganharam relevância nas redes sociais por conta de algum trabalho que já realizavam fora dela. Eles também podem ser criadores de conteúdo ou não. Geralmente, as pautas abordadas são mais segmentadas, assim como seus públicos.

As Dibradoras, por exemplo, já eram jornalistas esportivas quando se uniram na criação de perfis para falar sobre as mulheres no esporte. Karen Jonz é tetracampeã mundial de skate, então ninguém melhor do que ela para falar sobre essa modalidade em um canal no YouTube. Nesse caso, elas são referência em um assunto em que também criam conteúdo.

Paola Carosella, por sua vez, é uma influenciadora e referência máxima em culinária, alimentos orgânicos e afins. Porém, até o momento, ela não é exatamente uma content creator — mas já tem uma participação bem ativa no Twitter e existem indícios de que ela deve iniciar um projeto no YouTube.

6. Jornalista.

Inevitavelmente, jornalistas são formadores de opinião. Com a popularização das redes sociais, eles também se transformam em influenciadores digitais. Que exemplos? Evaristo Costa e Dony De Nuccio.

Mas então eles são jornalistas influenciadores e não criadores de conteúdo, certo? Isso mesmo! Mas também existem os que criam conteúdo, como Cris Bartis e Juliana Wallauer, âncoras do podcast Mamilos, que estão aí para comprovar isso.

7. Blogueiro.

Há bastante tempo os blogs deixaram de ser apenas um diário digital e tornaram-se uma grande oportunidade de negócio. Por esse motivo, é possível que você trabalhe como criador de conteúdo focando-se em ser um blogueiro. Nesse caso, é preciso que, antes de qualquer coisa, você estabeleça um tema para o seu blog e o ideal é que você tenha afinidade com ele.

Afinal de contas, sendo apaixonado pela sua área e tendo afinidade com a mesma, os seus conteúdos serão atrativos. Dessa maneira, você vai conseguir

atrair tráfego para o seu blog, podendo faturar através de parcerias com empresas, o que é feito por meio de banners e publicidade.

Além disso, ser blogueiro possibilita que você se inscreva no Google Adsense, onde você fatura por exibição dos anúncios dentro da sua página.

8. Produtor de vídeos para YouTube.

Ganhar dinheiro na internet sendo criador de conteúdo pode ser feito facilmente através da produção de vídeos para o Youtube.

Ora, não é à toa que hoje existem criadores milionárias, como Whindersson Nunes e Felipe Neto, por exemplo.

É óbvio que para chegar em tal patamar se leva anos, mas tudo teve um início, o primeiro passo e é exatamente isso que você deve fazer: começar sem medo.

Então, busque identificar um nicho dentro do Youtube ao qual você se identifique e comece a produzir os vídeos, faça isso com bastante frequência e dedicação.

Dessa forma, chegará o momento que a própria plataforma vai entregar seu conteúdo as pessoas.

Com isso, você ganha dinheiro através de marcas que irão buscar você para parcerias. Afinal, você tem o canal, a audiência e assim elas naturalmente vão querer que você faça as famosas "publi".

Além desse caminho, o próprio Youtube conta com seu mecanismo de recompensa, que é feito através das visualizações dos anúncios.

Sendo assim, formas de ganhar dinheiro com essa plataforma não vai faltar para você que deseja criar conteúdo em vídeo.

9. Influenciador digital do Instagram.

Além dos caminhos mencionados acima, que são promissores, você ainda consegue ganhar dinheiro criando conteúdo para o Instagram, sendo assim um digital influencer dessa rede social.

Figura 41 – Influenciador digital.

Caso não saiba, um digital influencer é aquela pessoa capaz de influenciar milhares de pessoas nas mídias sociais.

Para isso, ele conta com um alto engajamento, que é feito através:

- Comentários;
- Curtidas;
- Compartilhamentos.

Assim, ele se torna reconhecido, chamando atenção das marcas, que fecham parcerias para que eles criem conteúdos exclusivos de ofertas e promoções.

10. Produtor de podcast.

Podcasts são parecidos com programas de rádio, porém são divulgados na internet, o que significa que eles conseguem um alcance muito maior.

Hoje existem pessoas que produzem conteúdos em áudios e ganham bastante dinheiro com isso.

Afinal, o público gosta de ouvir, especialmente quando são abordados assuntos que são do interesse deles. Então, basta que você se foque em produzir um podcast dentro de uma área que você conheça e tenha afinidade. Algumas formas de podcasts mais consumidos são os debates e entrevistas. Além de conteúdo de humor, que sempre é bem-vindo.

Esse é um formato de conteúdo que requer um pouco mais de trabalho, uma vez que englobam a edição de trilha sonora, cortes, dentre outros. Todavia, já existem ferramentas gratuitas que realizam esse trabalho e podem ajudar na automatização do seu podcasts.

No mais, estando o conteúdo em áudio pronto basta que você o insira dentro de uma plataforma, como Spotify, e divulgue para que as pessoas comecem a ouvi-lo.

E como se ganha dinheiro com podcasts?

Através de publicidade, pois empresas fecham parcerias recorrentes com esse tipo de criador de conteúdo, especialmente quando ele tem uma audiência engajada.

12.3   Quais as vantagens de alguém contratar um Criador de Conteúdo?

Agora que você já sabe mais sobre a profissionalização de um criador de conteúdo, tenha em mente que você não deve firmar esse tipo de parceria só porque todas as marcas estão investindo nisso.

Na verdade, existem diferentes vantagens que tanto os influencers como os criadores podem trazer a uma marca, seja ela grande, média ou pequena.

Até mesmo os empreendedores digitais podem se beneficiar desse tipo de negociação na divulgação de seus produtos digitais. Veja como!

12.4   Alcance.

Já sabemos que os Criadores têm muito a oferecer às marcas, especialmente quando consideramos a ideia da co-criação. Porém, há não muito tempo atrás, o principal atrativo dos famosos da internet era a legião de fãs que eles arrastavam.

Ou seja, quanto maior o número de seguidores, maior era a necessidade de investir naquela pessoa. Hoje, porém, já entendemos que o engajamento também tem um papel fundamental na conversão, embora o alcance dos criadores não possa ser inteiramente descartado.

Essas pessoas falam com muitas pessoas e em um tom pessoal, próprio, cativante e original; algo que muitas marcas tentam, mas poucas efetivamente conseguem fazer.

Cada vez mais, o trabalho com um Criador de Conteúdo é entendido como uma parceria. As partes envolvidas devem trabalhar juntas para cocriar algo que seja relevante tanto para o público da marca quanto para a audiência do criador de conteúdo.

Pegando carona na ideia do bom relacionamento entre Criador e base de fãs, esse mesmo pensamento deve valer entre marcas e criadores de conteúdo. A ideia é que esse tipo de parceria seja sempre benéfico para os dois lados.

Ou seja, enquanto o Criador gera renda, a marca aumenta o seu alcance e melhora as chances de conversão. Dessa forma, investir em um relacionamento de longo prazo pode trazer grandes benefícios.

12.5   Novas regras de consumo.

A transformação digital alterou a forma como nos relacionamos uns com os outros e também trouxe novas regras de consumo.

Nesse contexto, desde os tempos dos finados Fotolog e Orkut, os influenciadores digitais começam a ganhar popularidade e a atrair o interesse de marcas que pretendem atingir novos públicos por meio dessas parcerias.

Com um grande número de seguidores, esse tipo de parceria traz diversos benefícios às marcas e também aos creators, que podem gerar renda a partir do conteúdo que já produziam. Além disso, a ideia de co-criação também ganha mais força e os criadores de conteúdo passam a ser mais exigidos em termos de qualidade de entrega e resultado.

12.6   Nem tudo são holofotes: há leis!

Podemos dizer que a Criação de Conteúdo é uma profissão nova, sem qualquer previsão na lei até o momento. Existem dois projetos de lei visando regulamentar a profissão de blogueiro e vlogueiro, PLs 4289/2016 e 8569/2017.

Enquanto não é aprovada uma lei específica, utiliza-se as regras de prestação de serviços que possui previsão legal no Código Civil, Código de Defesa do Consumidor, Lei de Direito Autorais, Marco Civil da Internet, normas do CONAR e outras normas aplicáveis.

Para reduzir o risco do judiciário reconhecer uma relação de emprego, é recomendável que se inclua no contrato de prestação de serviços entre o Influenciador e o Contratante, cláusulas de autonomia e independência, mas lembrando que para o judiciário o que realmente importa é o modo que o serviço é realizado na prática.

12.7   E como começar?

Ter sucesso não é fácil e é preciso seguir alguns passos para começar seu trabalho como Criador de Conteúdo:

1. Defina bem seu nicho de atuação;
2. Crie sua buyer PERSONA, que representa seu consumidor "ideal";
3. Escolha as plataformas ou redes em que irá postar seus conteúdos;
4. Faça pesquisa de tendências e de palavras-chave para guiar sua produção;
5. Estabeleça um calendário fixo de publicações;
6. Adquira os equipamentos necessários (como uma boa câmera, caso vá gravar vídeos);
7. Produza, produza e produza!
8. Utilize estratégias de marketing para divulgar seus conteúdos.

13 FORMA 11 - GANHE DINHEIRO COMO SOCIAL MEDIA.

O Social Media nada mais é que o profissional responsável pela gestão das redes sociais. Talvez um dos principais desafios – senão o maior deles – do Social Media é transmitir para o público nas redes a essência de um produto e sua marca.

Estando na função de gerenciar os perfis de uma empresa nas redes sociais, o profissional pode desenvolver várias atividades. Tais como:

1. Divulgar produtos: pensar em maneiras criativas de apresentar produtos e serviços e seus diferenciais.
2. Vender produtos: o Facebook e o Instagram possuem a opção de criar lojas virtuais e alcançar o público com muito mais facilidade, tornando-se uma ótima fonte de receita.
3. Promover a interação: independente da rede social, promover a interação com o público-alvo e gerar engajamento deve ser o principal objetivo.

Figura 42 – O universo de trabalho do Social Media.

Para uma atuação de relevância, o profissional que atua como social media deve entender a dinâmica das redes sociais. Entender profundamente o comportamento do público-alvo e a cultura da empresa torna o processo muito mais fácil.

A comunicação utilizada nas mídias sociais não pode estar desconectada do que a organização realmente é.

O Social Media também precisa conhecer as particularidades de cada rede:

- O Twitter tem um número limitado de caracteres;
- o Facebook utiliza um sistema de algoritmos para distribuir os conteúdos dentro da plataforma.

Compreender e analisar as métricas de cada rede social é fundamental para um bom desempenho nesta profissão, assim como dominar o uso das principais ferramentas para gerenciamento de redes sociais.

13.1   O que é e o que faz esse profissional.

Segundo pesquisa das empresas Hootsuite e We are Social, 62% da população brasileira está ativa nas redes sociais.

O YouTube lidera a lista das redes sociais mais acessadas pelos brasileiros, concentrando 60% dos acessos. O Facebook, que aparece em primeiro em outros levantamentos, vem logo em seguida, em segunda posição, com 59%.

O WhatsApp está em terceiro lugar no páreo com 56%, trazendo o Instagram em quarto, com 40%.

Pensando em aproveitar essa nova realidade do mercado de consumo, as empresas entenderam que precisam estar nas redes sociais. Por isso, vêm investindo em estratégias para tornar a presença ainda mais relevante por lá.

Seja para melhorar o relacionamento com os clientes ou aumentar o alcance e as vendas com o marketing digital surge a profissão do social media.

13.2   O que significa social media?

Social media quer dizer mídia social. Ou seja, canais de comunicação digital por onde acontecem interações, colaboração e compartilhamento de conteúdo. São plataformas que funcionam como repositórios de conteúdos que precisam da interação humana para ganhar vida.

Figura 43 – Redes sociais.

Exatamente pelo mesmo motivo, se tornaram canais poderosos para que as empresas alcancem um público mais qualificado e, assim, aumentem a percepção de marca com autoridade e conquistem sucesso entre os clientes.

Com o avanço da era digital, o significado de social media ganhou uma nova possibilidade: se tornou uma profissão.

13.3   O que faz um profissional de social media?

O profissional de social media é responsável por ativar esses canais para pessoas públicas, empresas ou até mesmo projetos pessoais. É ele quem planeja e cria conteúdo para serem compartilhados nas redes sociais e também publica dentro dessas plataformas, interage com outros usuários, analisa resultados e faz tudo acontecer.

Ouve-se falar sobre a profissão de social media e pensa que, para ter sucesso nela, basta navegar pelas redes sociais o dia todo. Mas como se pode ver, vai bem além de ser um heavy user. Requer que o profissional esteja sempre atualizado sobre as novidades nas redes sociais e tendências de mercado.

13.4   Qual a formação acadêmica desse profissional?

Em geral, o profissional de social media pode ser formado tanto na área de comunicação social quanto administrativa. A maioria tem formação acadêmica em Jornalismo, Letras, Marketing, Publicidade e Propaganda ou Relações Públicas. Mas isso não quer dizer que aquele expert em redes sociais formado em Administração não possa investir na carreira.

Para se tornar um social media bem-sucedido, a dica é bastante objetiva: estude muito e se dedique em conhecer as principais tendências do marketing digital. Mesmo que a profissão pareça um sonho, você deve amar as redes sociais. E não só isso: deve saber como fazer com que as pessoas criem interesse pelas páginas que administra.

13.5 A rotina de um social media.

Para aumentar a qualidade do trabalho como social media, é essencial criar uma rotina diária de atividades. Uma forma de facilitar a sincronização entre as funções e habilidades profissionais às exigências e expectativas do cliente atendido.

Funções que fazem parte da rotina de um social media de sucesso:

1. Cronograma de postagens.

Criar e manter um cronograma de postagens sempre atualizado é a melhor forma de atender às necessidades pontuais dos clientes. Assim, é possível planejar os conteúdos a serem compartilhados e ainda antecipar determinadas ações.

2. Produzir conteúdo.

Aqui se trata de produção de conteúdo institucional ou promocional para o cliente. Um trabalho que requer criatividade e conhecimento técnico sobre design e formatos disponíveis para que engaje os usuários.

3. Distribuir conteúdo de impacto nas redes.

Com o conteúdo produzido, é hora de distribuir o que o social media tem em mãos. Como cada rede social tem uma especificidade, é preciso ter em mente que os conteúdos não podem ser iguais.

Se no Facebook, por exemplo, a empresa vai trabalhar anúncios para aumentar seu alcance, no LinkedIn, vai atrair e reter talentos. Enquanto a primeira dá visibilidade e promove o engajamento, a segunda é empresarial.

Como existem várias redes sociais, muito conteúdo a ser produzido e mais de um cliente a ser atendido, controlar a veiculação do conteúdo requer atenção e paciência.

Para que a tarefa não se torne exaustiva, ela pode ser facilitada com o uso de gerenciadores de mídia. Alguns deles são: Buffer, Hootsuite e TweetDeck. Plataformas que ajudam a concentrar a distribuição de conteúdo em um lugar só. Elas otimizam a rotina do social media.

4. Fazer monitoramento diário.

O trabalho de monitoramento ajuda o profissional de social media a mensurar, analisar e compilar informações para identificar oportunidades e fraquezas. É uma atividade importante para que a empresa possa realizar ações corretivas.

Para facilitar a verificação do desempenho, volto a bater na tecla dos programas de gerenciamento de redes sociais. Eles possibilitam que o social media analise as principais métricas das redes sociais, além de oferecer funcionalidades como resposta a comentários e mensagens privadas.

5. Preparar relatórios de desempenho.

A produção de relatórios de desempenho para as redes sociais é um fruto do trabalho de monitoramento. É claro que, quanto melhores forem os números levantados pelo social media, mais satisfeito ficará o cliente.

Mas é imprescindível não "maquiar" esses dados. Afinal, assim como podem refletir o sucesso do trabalho realizado, também ajudam a identificar a necessidade de melhorias.

13.6   Ferramentas e softwares utilizados pelo social media.

Como tudo acontece em tempo real, às vezes, é humanamente impossível otimizar atividades e processos. Mas existem ferramentas e softwares para facilitar as coisas.

Confira algumas delas abaixo:

- Análise da concorrência: Alexa, Ubersuggest e SEMrush
- Criação de conteúdo visual: Canva, IM Free e Unsplash

- Curadoria de conteúdo: Flipboard, Pearltrees e Storify
- Gerenciamento de redes sociais: as já citadas Buffer, Hootsuite e TweetDeck, além da mLabs
- Monitoramento de métricas: Google Analytics, HubSpot e RD Station.

É importante lembrar, ainda, que as próprias redes sociais oferecem ferramentas bastante úteis para o social media. O Face-book Ads e o Instagram for Business são exemplos.

Para acertar na escolha, busque entender quais funcionalidades você precisa e o que faz sentido para o seu projeto. Algumas ferramentas e softwares de social media oferecem versões de teste.Costuma ser um atalho para que possa conhecer suas funcionalidades e entender o que melhor se encaixa às suas necessidades.

Se a sua atuação é pontual e limitada, talvez não valha a pena investir em ferramentas mais completas. Mas se você lida com mais de uma conta e um grande número de seguidores, faz todo sentido reservar parte do orçamento para isso.

13.7 Quanto ganha um profissional de social media?

Segundo estimativas de salários publicados no site Vagas, o salário médio bruto de um social media é de R$ 2.152,00[14]. Já o salário de analista de redes sociais gira em torno de R$ 3.969,00.

Mas a remuneração depende de vários fatores: se o profissional trabalha em agência, é autônomo ou terceirizado, por exemplo. Então, pode ser maior, conforme mais capacitado e especializado o social media for.

13.8 Como é o mercado de trabalho?

O mercado de trabalho para o profissional de social media está em constante ascensão. Isso porque, na era da informação, é cada vez maior o número de usuários presentes nas redes sociais.

Mas, assim como é uma profissão que está em alta atualmente, também é bastante concorrida. Por isso, a dica é estar sempre atualizado e não se acomodar.

---

[14] Valores em outubro de 2022.

O social media iniciante, por exemplo, pode conseguir emprego mais facilmente em startups e pequenas empresas. Já os mais avançados encontram oportunidades até mesmo em empresas com setor interno exclusivo para essas demandas.

O mais legal dessa profissão é que não se restringe apenas ao mercado corporativo. Então, o profissional da área pode atuar como freelancer ou até mesmo se tornar um microempreendedor individual (MEI).

13.9 Principais formas de ganhar dinheiro como social media.

Como ainda existem empresas que não possuem profissionais qualificados para trabalhar com social media, aqui vão as oportunidades:

1. Gerenciamento de redes sociais.

O gerente de redes sociais tem a responsabilidade de criar estratégias para alcançar o público de interesse e vender seus produtos ou serviços.

Como tal, deve controlar e ficar por dentro do que acontece em diferentes canais ao mesmo tempo.

2. Gerenciar seu próprio projeto.

Outra oportunidade de ganhar dinheiro como social media aparece ao oferecer seus próprios serviços através das redes sociais.

Manja de conteúdo, design, programação ou é um consultor de marketing digital? Experimente usar esses canais para divulgar o que você faz de melhor. Os resultados podem surpreender.

3. Design para social media.

Nem toda empresa tem à disposição um profissional de design para criar artes incríveis e atender aos seus objetivos nas redes sociais. Mas esse tipo de trabalho é fundamental para que anúncios e publicações se tornem mais atraentes para a audiência e potenciais clientes.

Então, se especializar em design para social media é uma forma interessante para se diferenciar da concorrência. Afinal, nem todo social media sabe como construir artes de qualidade.

Se você manda bem no design gráfico, pode até se tornar parceiro de um social media para cuidar da parte visual dos clientes atendidos.

13.10 Mas pense bem!

Mesmo sendo uma área relativamente recente do marketing, hoje, toda empresa tem interesse em divulgar produtos e serviços nas redes sociais.

E o profissional de social media tende a ser cada vez mais valorizado para atender às necessidades de negócio com a expertise que só ele tem.

Figura 44 – O universo de trabalho dos social medias.

Atuar como Social Media exige muito estudo e atualização frequente dos seus conhecimentos. Por ser ainda uma área bastante nova, mas que está começando ter reconhecimento, muita coisa está acontecendo a todo instante.

O social mídia é particularmente vulnerável aos problemas de interação com a tecnologia. Cabe destacar:

1. Desenvolver a Síndrome de Atualização.
2. Desenvolver problemas de relacionamento devido à mídia social.
3. Sofrer com a infidelidade nas redes sociais.
4. Sofrer com problemas de privacidade.
5. Reduzir a capacidade acadêmica.

6. Ser vítima de crime cibernético e intimidação.
7. Apaixonar-se por identidades falsas.
8. Negligenciar família e responsabilidades.
9. Desenvolver dependência de amigos online.
10. Perder o poder de Foco e Produtividade.
11. Desenvolver a Síndrome FOMO.
12. Viciar em jogos online.
13. Desenvolver problemas psicológicos.
14. Gastar muito tempo nas redes sociais.
15. Ficar viciado em mídias sociais.

14 FORMA 12 - GANHE DINHEIRO COMO GESTOR DE SEO.

Saber como ranquear sites e fazê-los aparecer nos primeiros resultados e páginas dos motores de busca é uma habilidade muito lucrativa. Quanto mais as pessoas se interessam em usar motores de busca, mais vai haver pessoas interessadas em saber mais sobre SEO.

O profissional especializado em SEO precisar ter conhecimento dos diversos mecanismos de busca e precisa ter como base que a análise das palavras-chave constitui a base para maximizar o resultado dos mecanismos de pesquisa.

É necessário conhecer as ferramentas de marketing digital e saber chegar às conclusões corretas dos resultados da análise de palavras-chave.

Figura 45 - Seja um gestor de SEO.

Outro fator essencial para o sucesso do SEO é saber utilizar bem a linguagem, a ortografia e a gramática objetivando explicar assuntos complexos de maneira simples, sedutora e empolgante.

Assim, isto é o mesmo que dizer que o profissional precisa saber se colocar como pertencente ao público-alvo do conteúdo a ser escrito.

Para ter sucesso, os posts, textos, enquetes e imagens devem oferecer aos consumidores verdadeiro valor agregado em torno de seus interesses. A empatia deve estar presente em algum grau.

SEO é a sigla em inglês "Search Engine Optimization", que significa "otimização para mecanismos de busca" ou otimização de sites.

Ser um gestor SEO implica em ser um profissional que utiliza diversas estratégias com o objetivo de potencializar e melhorar o posicionamento de um site nos resultados orgânicos dos sites de busca.
Há duas categorias de métodos de SEO:

1. White Hat. Utilizam métodos aprovados pelos sistemas de busca, como a prática de construção de conteúdo relevante e melhoria da qualidade do site.
2. Black Hat. Lançam mão de truques como a camuflagem do conteúdo real da página, e a prática de spam direcionada aos motores de busca.

As estratégias de SEO têm a missão de aprimorar tanto a quantidade de visitações quanto a qualidade dos visitantes, onde qualidade se refere ao resultado da visita no site. É quando os visitantes concluem a ação esperada pelo proprietário do site, tais como comprar, assinar, aprender algo.

O SEO tem o poder de atrair cada vez mais visitantes qualificados a um site sem necessidade de investimento em propaganda e marketing.

14.1   Como se tornar um gestor de SEO?

Há vários caminhos a seguir caso você decida se tornar um SEO. Você pode escolher ser um profissional que se concentra na otimização de sites para os mecanismos de pesquisa na página, ou que visa melhorar a estrutura interna de um site e há profissionais que decidem trabalhar com o SEO local.

Sem esquecer os redatores SEO, estrategistas de palavras-chave, verificação de SEO etc.

Para se tornar uma autoridade e ganhar dinheiro com SEO, você precisa desenvolver todo um conjunto de requisitos mínimos, incluindo conhecimentos avançados:

- Entender o funcionamento dos mecanismos de pesquisa.
- Conhecer os principais CMS, "Content Management System", Sistema Gerenciador de Conteúdo, tais como WordPress, Joomla, Magento, Drupal e suas configurações ideais. Isso porque esse sistema deve ter recursos para aprimorar a encontrabilidade do conteúdo e ser integrável aos sistemas de gestão de campanhas.
- Dominar o principal software de análise da Web, o Google Analytics.
- Conhecer tudo do Excel.
- Entender as principais ferramentas de pesquisa de palavras-chave, tais como Google Keyword Planner, Semrush e Ahrfes.

Além desses requisitos de conhecimento, o especialista em SEO, para se apresentar como tal, deve ter um portfólio de casos de sucesso que ajuda muito na fase de negociação com clientes em potencial.

Apesar de existirem muitas maneiras de se especializar e ganhar dinheiro com SEO, uma boa experiência na área faz toda a diferença para entender onde focar a atenção.

14.2 Atribuições do Analista de SEO.

No cenário atual das empresas se tornando digitais e do marketing digital, a carreira do profissional analista de SEO é uma das que tem o melhor potencial remuneração do mercado de trabalho, justamente devido a sua importância no marketing digital moderno.

Um dos fatores que contribui para esta valorização é o grau e complexidade das atribuições inerentes a essa especialização e a incessante atualização a que este profissional está sujeito para se manter em dia com as tecnologias que surgem a todo momento.

Outro fator é a constante atualização dos algoritmos utilizados pelos grandes buscadores como o Google.

O analista de SEO precisa estar sempre ligado com as atualizações destes algoritmos.

Estão entre as atribuições do analista de SEO:

- Análise do web site para adequá-lo às exigências das técnicas dos mecanismos de busca.
- Elaboração do planejamento estratégico da marca do cliente no ambiente de busca orgânica.
- Otimização das páginas e outros elementos do site, como imagens vídeos e demais elementos digitais considerados como parte do processo de classificação dos sites.
- Projeto e implementação do relacionamento do site do cliente com outros elementos digitais, como sites e mídias sociais para promover a popularidade do site através de técnicas de link Building.
- Estruturação do site para adequá-lo às exigências das técnicas de otimização de sites.
- Monitoramento e análise das posições nas páginas de respostas dos grandes buscadores como o Google e a produção de relatório gerenciais sobre o desempenho do site.

Em função das diversas dimensões envolvidas no trabalho de um analista de SEO, este profissional precisa ter uma visão ampla de todas as vertentes do marketing digital, para poder integrá-las de forma a potencializar os resultados do processo de otimização de sites para ferramentas de busca.

14.3 Trilha de aprendizado para se tornar um analista de SEO

Em função da variedade e diversidade de conhecimentos necessários, a formação do analista de SEO não pode ficar restrita única e exclusivamente às regras e técnicas de otimização de sites, devendo ser abrangente e sua atualização deve ser constante.

A formação do profissional de SEO tem início em um bom curso de SEO que contemple não apenas as regras de otimização, mas também a forma de pensar do SEO.

O estudante precisa desenvolver a compreensão do processo de otimização de sites como um todo e não apenas como uma parte estanque da estratégia em um plano de marketing digital.

O estudante precisa desenvolver a compreensão do comportamento do consumidor e sua jornada de aquisição no site da marca.

Além disto precisa intuir os processos envolvidos e o posicionamento do trabalho desenvolvido no funil de conversão criado para que se obtenha o resultado almejado.

O aluno deve se habituar a acompanhar de perto os sites de referência no momento, como o Search Engine Journal, o blog da MOZ e o Search Engine Land.

É interessante que o aluno pratique as técnicas em uma plataforma própria, tal como um blog próprio, para vivenciar o dia a dia do trabalho. A experiência é fundamental para a estruturação de uma carreira sólida e vitoriosa.

14.4   Razões para uma empresa contratar um SEO.

Não importa o tamanho de uma empresa que se aventura no mundo digital, ela deve ter um SEO. São vantagens de se ter este profissional na empresa:

1. Democratização do acesso a usuários e visitantes.
2. Obtenção de mais tráfego para o web site do cliente.
3. Consolidação de tráfego qualificado na página.
4. Aumento da autoridade da marca, seja orgânico ou pago.
5. Auxílio no funil de compras.
6. Retorno contínuo e a longo prazo.
7. Melhora da taxa de conversão.

14.5   VANTAGENS e desvantagens de ser UM GESTOR DE SEO.

Vantagens:

- Comunidade de SEOS atuante e composta por profissionais dos mais variados segmentos, tais como jornalistas e copywriters presentes em todas as redes sociais do mundo.
- O SEO e o profissional de SEO estão sempre evoluindo.
- O SEO ajuda pessoas e empresas a se tornarem melhores e mais lucrativas.
- O trabalho de analisar dados e medir resultados é muito gratificante e é um desafio constante.

Desvantagens:

- O resultado nem sempre depende exclusivamente do seu trabalho.
- Contratar um SEO não é barato.
- Resultados podem demorar.
- Explicar a atividade de um SEO não é trivial.
- O SEO sozinho não faz milagres para a empresa.

15 FORMA 13 - GESTOR DE TRÁFEGO PAGO.

Para conquistar um número de negócios que garanta sua sobrevivência ela precisa investir em publicidade nas redes sociais, que é onde os consumidores em potencial passam a maior parte do tempo.

Isso sem falar no número crescente de influenciadores digitais que desejam vender seus produtos, mas não sabem trabalhar com as plataformas de anúncios.

Figura 46 – O gestor de tráfego tem muita responsabilidade.

Assim, como não poderia deixar de ser, as vagas para gestor de tráfego pago aumentam dia a dia. Existem gestores que já possuem mais de 100 clientes em sua carteira!

A principal tarefa de um gestor de tráfego é monitorar os hábitos de navegação dos internautas e incitá-los a visitar um site ou baixar um aplicativo.

Para cumprir sua missão com sucesso, os gestores de tráfego devem ser capazes de se colocar no lugar dos consumidores e prever reações a campanhas promocionais online.

Os gestores seguem um ciclo de procedimentos para ajudá-los a fazer seu trabalho e melhorar constantemente suas escolhas de anúncios e slots digitais.

Eles começam por elaborar um plano de demonstração de vendas para atrair potenciais clientes ou utilizadores.

Eles constroem sua mensagem e selecionam as mídias ou redes sociais onde os anúncios serão exibidos. O plano de demonstração varia de acordo com um orçamento predefinido e objetivos de vendas (como o número de vendas) e o valor médio por cliente.

Eles então irão implementar o plano nas redes sociais e nos mecanismos de busca antes de começar a analisar o quão bem-sucedido ele é. Após essa análise, eles podem identificar áreas de melhoria para a próxima campanha.

Por fim, ao longo de todo o processo, eles devem rastrear, analisar e entender os clientes de suas empresas e os futuros clientes que podem atingir. Acompanhar outras mídias e campanhas publicitárias é fundamental para cumprir as missões de um gestor de tráfego.

"Monitoramento significa se colocar no lugar dos clientes ou usuários da web. Isso significa usar ativamente todos os aplicativos ou sites que podem ser visitados todos os dias para ver os anúncios."

A formação de um gestor de tráfego pode ser baseada em um diploma universitário, faculdade de administração, estudos em marketing e comunicação, ou mesmo ser autodidata – os caminhos para uma posição de gerente de tráfego são variados, pois é uma profissão relativamente nova.

A obtenção de pelo menos um diploma de dois anos é uma vantagem, no entanto. A formação em comunicação digital ou mesmo em marketing é a melhor forma de desenvolver as competências primárias necessárias para este trabalho.

As habilidades necessárias para esta posição são uma excelente compreensão da cultura web e de marketing, conforto em trabalhar com números e SEO e afinidade para qualquer desafio.

Os gestores de tráfego devem entender não apenas as ferramentas de rastreamento e publicidade de BackOffice, mas também os usuários e suas prováveis reações aos plugues de publicidade.

Os gestores são organizados, adoram análises e observam suas ações com um olhar crítico para melhorar constantemente suas campanhas publicitárias e monitorar as campanhas de anúncios online para entender como os clientes se comportam e por que compram.

Um gestor de tráfego trabalha com as equipes de vendas e o departamento de comunicação. Eles atuam como o elo de ligação entre os consumidores e a empresa.

Embora isso varie de empresa para empresa, os gerentes de tráfego geralmente estão vinculados ao departamento de marketing e se reportam ao diretor de marketing.

Eles também podem fazer parte de uma equipe de aquisição de tráfego, sob a supervisão de um gerente de aquisição.

Uma possibilidade de avanço como gerente de tráfego é assumir mais responsabilidades gerenciais como chefe de uma equipe de gerentes de tráfego. Outras opções são para cargos de gerente de vendas ou marketing. Alguns gestores de tráfego também optam por se tornar consultores.

Dentre as funções e responsabilidade do gestor de tráfego podemos citar:

- Gerenciar a publicidade nas plataformas online de seus clientes, tais como Face-book Ads, Google Ads, Bing Ads, LinkedIn Ads, Pinterest Ads, TikTok Ads, Taboola, Outbrain etc.
- Acompanhar as taxas de conversão.
- Aumentar as vendas online e alavancar o negócio do cliente.
- Fazer a sua marca ser mais conhecida,
- Criar os anúncios e campanhas pagas nas plataformas digitais.
- Administrar o orçamento destinado às campanhas de marketing.
- Executar testes A/B nas campanhas.
- Produzir relatórios de forma periódica com análise dos resultados.
- Criar as ações nas Landing Pages e no acesso a sites, por exemplo.
- Definir o orçamento para as campanhas com os diretores e presidentes.
- Captar novos clientes para a empresa.

O gestor de tráfego pode trabalhar tanto como funcionário, quanto como um prestador de serviços sem vínculo empregatício. Neste último caso, este profissional pode ter vários clientes simultaneamente.

Para atuar como gestor de tráfego pago é imprescindível ter não só domínio das ferramentas, mas também ter o domínio de técnicas de escrita persuasiva (copywriting) e aptidão com números para fazer a gestão financeira dos investimentos em campanhas.

Este profissional é, em geral, contratado por agências de comunicação, marketing e por celebridades do mundo digital que investem em anúncios na internet seja para o lançamento de um produto no mercado ou para gestão de tráfego de produtos perpétuos.

Para conquistar uma quantidade significativa de clientes, é fundamental que ele apresente resultados, demonstre como e quanto a sua gestão contribui no sucesso e na venda dos produtos e serviços de seus clientes.

Vale observar que existe uma diferença entre o gestor e o analista de tráfego pago, mesmo que estas funções sejam executadas por apenas um profissional. Além da criação dos anúncios nas plataformas, o gestor de tráfego também é responsável pela parte estratégica do negócio em si.

Ele precisa ter o domínio do negócio e dos objetivos de crescimento do cliente como um todo para poder criar o plano estratégico das campanhas. Além disso, também pode ser responsável por gerenciar os analistas.

O analista de tráfego, por seu turno, é o profissional que vai cuidar da efetiva criação dos anúncios nas plataformas.

15.1 Por que ter um gestor de tráfego na empresa?

A resposta para esta pergunta é muito simples. O gestor de tráfego pago tem o potencial de:

- Aumentar as vendas da empresa.
- Prospectar novos clientes.
- Reduzir gastos de um negócio físico.
- Em alguns casos, atende clientes de localidades geográficas diversificadas.
- Amplia os horizontes de uma empresa, ao explorar novos mercados e oportunidades.

Se você ainda não teve oportunidade de parar para pensar no quanto o tráfego é importante para sua marca, é uma boa ideia conhecer o assunto, pois ele é considerado um dos viabilizadores da estrutura de negócios digitais da sua empresa dado que ele gera novos clientes, seguidores, leitores, ou qualquer que seja sua pretensão ao atrair visitas para seu site e permite o diagnóstico do desempenho das ações de marketing das organizações.

O público que entra e sai de suas páginas diz tudo sobre o seu posicionamento e marca no mercado e em relação à concorrência. A análise desse tráfego permite compreender no que errou ou acertou em seu planejamento.

Há dois tipos de tráfego: o orgânico e o pago. O tráfego pago é obtido por publicidade ou anúncios contratados e pagos. É este tipo que precisa ser acompanhado para que os resultados sejam maximizados.

Um exemplo, com relação à tecnologia atual de acesso aos sites, são os banners pagos e veiculados. Ou seja, você cria uma campanha e paga pela veiculação. Podendo ser um valor fixado ou com custo apenas quando o usuário clica no anúncio. A diagramação do seu banner no site contratado tem as seguintes possibilidades:

Algumas empresas têm uma certa desconfiança em relação ao resultado dos banners, mas é uma forma garantida de acelerar os resultados das campanhas publicitárias. A questão é como fazer a distribuição das mensagens de forma a resultar em negócios.

A obtenção do resultado planejado nas campanhas publicitárias das empresas é baseada em um planejamento focado no relacionamento com o seu público. Esse relacionamento deve ser tratado como ponto focal, é necessário que conheça sua PERSONA, seu público-alvo, e promover sua melhor experiência. Com isso, é importante:

- Criar um plano de conteúdo a ser publicado.
- Criar um plano de mídia.
- Identificar quais campanhas serão impulsionadas.
- Selecionar as campanhas em que serão criadas peças publicitárias.

15.2 Classificação dos gestores de tráfego?

A classificação dos gestores de tráfego considera onde ele irá atuar e o tipo de tráfego que será gerenciado.

1. Gestor de tráfego instagram.

Um gestor de tráfego no Instagram, analisa e organiza todo o potencial de marketing que a ferramenta oferece, tais como:

- A promoção de anúncios de postagens específicas.
- A geração de conteúdo gratuito.
- Parcerias com outras marcas.
- Sorteios e promoções diversas.

2. Gestor de tráfego para facebook ads.

O gestor de tráfego na ferramenta Face-book Ads deverá planejar, administrar e direcionar os recursos aplicados em campanhas de divulgação paga que pretendem alcançar seus consumidores nesta rede social.

Os desafios são vários mas os principais são conseguir lidar com o público que vem de origem variada, determinar o quanto de verba usar e alinhar os planos de engajamento a este perfil de público.

3. Gestor de tráfego para google ads.

O Google Ads é um verdadeiro desafio para que um site institucional alcance as primeiras páginas do Google. É necessário que se faça uma engenharia estrutural dentro das páginas, envolvendo texto, layout e programação, usando um plano de SEO.

Um gestor de tráfego de Google Ads precisa saber controlar detalhadamente o custo de uma campanha paga para que a empresa tenha destaque no topo da página em forma de anúncio.

4. Gestão de redes sociais.

O cenário das redes sociais não é trivial de ser gerenciado. Existe todo um conjunto de técnicas em torno da gestão de mídias sociais.

Ter a capacidade de dosar o tipo de conteúdo, frequência de postagens, conhecimento do público consumidor, dos algoritmos que determinam como os usuários interagem, e de como este conteúdo será entregue, pode fazer a empresa se destacar ou "queimar seu filme" entre a concorrência ou perante o potencial consumidor.

O problema não está em apenas postar um conteúdo. A verdadeira expertise é aquela que utiliza de todas as técnicas e conhecimentos para colocar uma empresa na frente da outra.

Trata-se, no fim das contas, da diferença entre conquistar a atenção das pessoas e perdê-la. O gestor de redes sociais, precisa ter skills diferenciadas e usá-las com sabedoria.

15.3 Quanto ganha um gestor de tráfego pago?

O gestor de tráfego tem duas formas de remuneração:

- Um percentual das vendas realizadas.
- Um salário fixo.

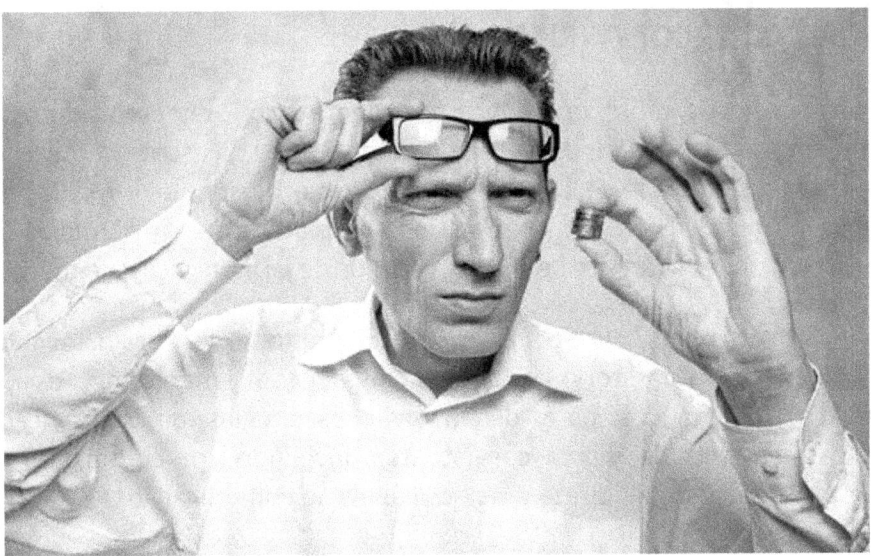

Figura 47 - E o salário, oh!

A faixa salarial[15] do Gerente de Tráfego fica entre R$ 3.000,00 salário mediana da pesquisa e o teto salarial de R$ 12.182,19, sendo que R$ 4.581,23 é a média do piso salarial 2022 de acordos coletivos levando em conta profissionais em regime CLT[16] de todo o Brasil.

A cidade com mais ocorrências de contratações e por consequência com mais vagas de emprego para Gerente de Tráfego é São Paulo - SP.

---

[15] Valores de outubro de 2022.
[16] A sigla CLT significa Consolidação das Leis do Trabalho e nada mais é do que um conjunto de leis que servem para regulamentar as relações trabalhistas e proteger os trabalhadores. São os direitos e deveres de colaboradores e empregadores.

16 FORMA 14 - COPYWRITER.

Um copywriter cria uma cópia clara e atraente para vender produtos e/ou educar e engajar os consumidores, exercitando a força da escrita persuasiva em sites, postagens em blog, descrições de produtos, explosões de e-mail, banners, boletins informativos, white papers, PSAs, plataformas de mídia social, incluindo Twitter e Instagram, e outros veículos de comunicação de marketing.

O trabalho também pode envolver conceitos de brainstorming e desenvolvimento de storyboards[17], trabalhar com marketing e outros departamentos criativos para desenvolver estratégias de comunicação, e garantir mensagens de marca consistentes, incluindo voz e tom, em mídia impressa, TV, rádio, mala direta e outros canais de comunicação.

Um dia típico de trabalho pode incluir pesquisar um tópico online ou conduzir uma entrevista, descobrir como transmitir uma ideia para um público específico, escrever e editar cópias e encontrar imagens para acompanhar o conteúdo.

Um copywriter é alguém que escreve para a internet. Criam conteúdo informativo para empresas que é projetado para orientar a pesquisa do próprio leitor.

16.1   Quais habilidades são necessárias?

Habilidades de escrita, é claro! Mas estamos falando de mais do que a capacidade de juntar uma frase coerente. "Como profissional, você precisa saber como escrever uma cópia que venda para o público específico do cliente, agência ou empresa".

Gramática, ortografia e pontuação também contam. A ortografia pode fazer ou quebrar sua carreira.

A capacidade de escrever para qualquer público e habilidades de pesquisa superiores também são cruciais, assim como o cumprimento de prazos.

---

[17] O storyboard é uma sequência de desenhos quadro a quadro com o esboço das cenas pensadas para um conteúdo em vídeo, como: filmes e animações.

Figura 48 – Habilidades essenciais de um Copywriter.

Se você não conseguir entregar conteúdo de qualidade em um determinado prazo, provavelmente não conseguirá como redator.

Por último, você tem que ser capaz de seguir as instruções. Isso é especialmente verdadeiro para freelancers contratados para ouvir o que alguém está procurando e executar essa visão. O trabalho de um redator é fornecer produtos feitos sob encomenda.

Escrever conteúdo não é mais suficiente. Você precisa saber como otimizar o conteúdo para direcionar o tráfego para o site, landing page[18] ou blog do seu cliente.

Isso significa manter-se atualizado com a tecnologia digital, incluindo as mudanças no algoritmo do Google, para que você saiba quais técnicas de SEO são mais eficazes.

16.2 Como alguém pode entrar nesse campo?

Um bacharelado em algo como jornalismo, inglês ou marketing pode ajudar, mas um portfólio poderoso cheio de uma variedade de amostras que você criou

---

[18] Landing Page é uma página que conta com todos os elementos voltados à conversão, do visitante ao Lead ou da oportunidade ao cliente. Também conhecidas como páginas de aterrissagem, páginas de conversão ou de captura, elas são item-chave nas campanhas de Marketing Digital. Confira tudo o que é preciso saber sobre elas.

para aulas ou estágios de redação online ou enquanto prestava seus serviços a uma organização sem fins lucrativos é o que impressionará potenciais empregadores.

A carreira para se tornar um copywriter não é rígida – há muitas maneiras de começar e construir seu currículo. Aqui estão algumas coisas diferentes que você pode fazer para facilitar a obtenção de um trabalho de redação:

1. Estude publicidade, comunicação ou redação na escola.

Mesmo se você não planeja obter uma educação formal em redação, uma simples aula de redação ou curso de redação no ensino médio ou na faculdade pode ensinar muito sobre como é uma ótima cópia.

Um curso de redação deve ensiná-lo a desenvolver seu estilo de escrita, como entender a mecânica da língua inglesa e como reconhecer as implicações culturais de cada palavra.

2. Comece pequeno.

Mesmo que você não tenha um único trabalho de redação, não perca a esperança. É comum que pequenas empresas ou donos de empresas locais contratem escritores freelance com pouca experiência.

Fazer alguns desses trabalhos de redação para iniciantes pode ajudá-lo a obter a experiência de que você precisa – sem mencionar a criação de uma lista de contatos de clientes em potencial para o futuro.

3. Construa seu portfólio de direitos autorais.

Se você é um redator tentando conseguir um emprego em publicidade, seu portfólio é a melhor oportunidade para mostrar como você escreve. Pense nisso como sua página de vendas, onde você anuncia seus serviços de redação para clientes em potencial. Em suas amostras de escrita, seja expressivo.

Tenha uma personalidade. Certifique-se de usar a gramática adequada e verifique a ortografia do seu trabalho. Mostre que você é capaz de escrever manchetes e que pode criar um texto atraente que capte até mesmo a atenção do cliente mais desinteressado.

Se você não tiver nenhum exemplo de escrita que tenha feito para clientes pagantes, seja criativo: inicie seu próprio blog ou atribua a si mesmo alguns avisos de cópia por diversão para preencher seu portfólio ou até mesmo impressionar um negócio específico.

4. Aprenda e acompanhe as tendências de SEO.

O principal desafio do marketing é fazer com que os anúncios e o conteúdo sejam vistos pelas pessoas certas. É por isso que a otimização de mecanismos de pesquisa (SEO) é importante.

SEO é uma abordagem estratégica para a criação de conteúdo que o torna mais pesquisável online – o que significa mais probabilidade de aparecer acima de outras páginas de concorrentes quando uma palavra relevante é pesquisada.

As regras de SEO estão sempre mudando e podem incluir o uso de palavras-chave, contagem de palavras, formatos de conteúdo específicos e muito mais, portanto, aprender a escrever para SEO e acompanhar as tendências atuais o tornará mais comercializável para as empresas.

Mas lembre-se de que SEO não é tudo – se você quiser conquistar um leitor, ainda terá que escrever um texto atraente.

16.3   O que os copywriters escrevem?

O tipo de coisas que escrevem inclui:

1. Postagens no blog. Estes podem variar de cerca de 400 a 1500 palavras. Eles geralmente são um pouco mais informais ou opinativos, mas isso varia de cliente para cliente.
2. White Papers. Mas não como os do governo. Os white papers tendem a ter de 1.500 a 2.500 palavras e são documentos informativos e educacionais que explicam as origens de um problema e como ele pode ser resolvido. Muitas vezes, essa solução estará vinculada ao que o cliente vende, mas a maioria do white paper será objetiva e útil. Estes tendem a ser bloqueados por trás de um formulário e são usados para captura de leads.
3. E-mails. As campanhas de e-mail existem para despertar o interesse, aumentar a conscientização e estimular uma ação. Eles precisam ser curtos, atraentes e informativos para ajudar a nutrir leads em clientes.

4. Postagens nas redes sociais. Esses tweets de caracteres limitados e atualizações espirituosas do Facebook não se escrevem sozinhos, você sabe. As mídias sociais também exigem direitos autorais.
5. Estudos de caso. São artigos curtos que explicam como uma empresa ajudou seus clientes. Os estudos de caso geralmente têm uma estrutura estereotipada, mas um bom redator pode encontrar a história dentro dela.
6. Relatórios da indústria. Às vezes temos que pegar pesado e escrever alguns relatórios hardcore. Estes são baseados em pesquisas reais que se expandem sobre um determinado assunto, setor ou tendência.
7. Cópia do site. Escrever para a web vem com seu próprio conjunto de regras e princípios orientadores. É todo um outro conjunto de habilidades, mas muitos redatores têm na manga.

16.4 Quanto ganha um copywriter?

Um Copywriter CLT ou freelancer em início de carreira pode ganhar de R$ 1.500,00 a R$10.000,00 por mês.

Levando em consideração que o salário-mínimo em 2022 é de R$1.200,00, um Copywriter iniciante, que atua em um único projeto, já começa ganhando mais do 33,8 milhões de brasileiros com renda mensal de até um salário-mínimo.

Dessa forma, se você quer atuar em empresas e agências tradicionais, cumprir as suas 44 horas semanais, trabalhando de segunda a sexta, o valor médio do salário que as empresas pagam para Copywriters no Brasil é de R$ 4.092,00, segundo a Glassdoor[19].

Mas mesmo como um Copywriter CLT é possível ir além e fazer muito mais dinheiro com as palavras.

---

[19] Valores de outubro de 2022.

17 FORMA 15 - EDIÇÃO DE IMAGENS.

A edição de imagem refere-se à modificação ou melhoria de imagens fotográficas digitais ou tradicionais usando diferentes técnicas, ferramentas ou softwares. Imagens produzidas por scanners, câmeras digitais ou outros dispositivos de captura de imagens podem ser boas, mas não perfeitas.

Figura 49 – A edição de imagens demanda software profissional.

A edição de imagem é feita para criar a melhor aparência possível para as imagens e também para melhorar a qualidade geral da imagem de acordo com diferentes parâmetros.

Um editor de imagens trabalha com designers e outros editores para criar uma experiência completa e rica para o leitor ou cliente.

Como editor de imagens, você pode trabalhar em uma ampla variedade de setores, incluindo notícias, publicação de livros, publicidade, desenvolvimento de sites e artes.

Você pode ser solicitado a retocar fotos para publicidade ou selecionar e editar imagens para acompanhar uma história. Você pode trabalhar com fotógrafos para discutir os objetivos de um projeto e colaborar para alcançá-lo.

17.1 Quais habilidades um editor de fotos precisa?

Criatividade e um olho bem treinado são importantes. Assim como é uma base sólida em fotografia e história da arte.

Ninguém espera que você seja um fotógrafo profissional, mas ajuda ter um conhecimento básico de equilíbrio de cores, iluminação e até algumas técnicas de filme, diz Lange, cujo trabalho é determinar qual das 90 milhões de imagens da Shutterstock melhor representa um projeto.

Você também precisará de atenção aos detalhes e habilidades de organização para superar os desafios logísticos que inevitavelmente surgirão ao produzir até mesmo a menor sessão de fotos, acrescenta ela.

Figura 50 – O editor de fotos não é um fotógrafo mas faz milagres.

Embora os editores de fotos não estejam realmente tirando as fotos, eles precisam saber tudo o que há para saber sobre fotografia. Eles devem ter um bom senso de negócios (para negociar contratos), e é imperativo que eles tenham amplos contatos dentro do setor. Isso porque eles precisam saber que tipo de fotógrafo será o melhor para cada sessão específica.

Por exemplo, se a sessão exigir várias fotografias de uma família, isso provavelmente exigirá um fotógrafo de retratos de família que é bem diferente de uma sessão de beleza de um produto de consumo como xampu.

Uma foto de produto de consumo é muito diferente de uma fotografia de alta moda que aparecerá ao lado de uma história sobre a Chanel.

Além disso, embora você possa conhecer o melhor fotógrafo de moda do mercado, eles podem ser contratados em outra tarefa, então você precisa de um grande arsenal de nomes para usar.

17.2   E as habilidades digitais?

"As habilidades do Photoshop e do InDesign são especialmente úteis para você mesmo realizar pequenas correções ou para entender melhor as necessidades do departamento de arte", continua Lange. Experiência com Illustrator, outros softwares de edição de fotos como Lightroom e Bridge e algum conhecimento de videografia e edição de vídeo são a cereja do bolo.

17.3   Quem é o supervisor de um editor de fotos?

Depende da organização, mas você provavelmente receberá a orientação de um diretor de arte ou de fotografia.

17.4   O que é preciso para se destacar nesta posição?

Uma paixão profundamente enraizada pela fotografia e pela indústria em geral, para começar. Como na maioria dos trabalhos, gostar do que você faz aparece no seu trabalho, e esse show não é diferente.

E flexibilidade. Às vezes, seu conceito pode deixar os editores e designers com quem você trabalha coçando a cabeça. Esteja disposto a reavaliar (ou mudar) sua visão quando necessário.

17.5   Uma dica preciosa.

Fique de olho nos fotógrafos e seus portfólios, principalmente fotógrafos emergentes e tendências em desenvolvimento no setor, aconselha Lange.

17.6   Como posso entrar neste campo?

Muitos empregadores exigem um diploma de bacharel em fotojornalismo, artes visuais, fotografia ou áreas semelhantes para ser um editor de fotos.

Você deve desenvolver seu conhecimento e habilidade de equipamentos ao longo do tempo e compilar um portfólio de seus melhores trabalhos.

Você precisará de um forte conhecimento prático de programas de edição, como Adobe Lightroom, Photoshop e InDesign.

Um portfólio forte será valioso para conseguir o primeiro emprego de editor de fotos e iniciar sua carreira neste campo.

17.7   Vantagens da edição de fotos para empresas.

Com o surgimento de redes sociais centradas em imagens, como Instagram e Pinterest, as fotos estão rapidamente se tornando uma linguagem de marketing universal. As pessoas sempre se relacionam melhor com dicas visuais e, se você estiver no setor de alimentos, moda, varejo ou viagens, as imagens editadas profissionalmente devem estar no topo da lista quando se trata de suas iniciativas de marketing. Vejamos 8 principais benefícios da edição de fotos para suas necessidades de negócios -

1. Construção de marca.

As imagens são extremamente importantes para construir sua marca. As empresas podem se concentrar em um estilo específico de edição, como focar na saturação de cores específicas, padrão de corte, natureza das imagens, assuntos usados, padrões de foco etc., para criar uma imagem editada com reconhecimento de marca. Isso também leva a uma melhor lembrança do cliente para suas ofertas de negócios, garantindo que eles se sintam mais confiantes ao comprar seu produto ou serviço

2. Melhores vendas.

A própria essência da edição de fotos é aumentar a qualidade geral de suas imagens. As empresas não querem imagens medíocres para representar seus produtos ou serviços.

Bons editores de fotos podem mudar instantaneamente a aparência e a qualidade de uma imagem para torná-la atraente para o público em geral, um dos melhores exemplos disso pode ser encontrado no marketing de fast-food e com marcas como McDonald's etc.

3. Construir respeitabilidade e credibilidade.

Um dos principais benefícios da edição de fotos, especialmente para empresas que estão apenas começando, é a maneira como ela pode ajudar uma empresa a obter credibilidade em um mercado difícil.

Cerca de 46% das pessoas acham mais fácil confiar em uma empresa que mostra imagens genuínas em seu site, em comparação com imagens de banco de imagens.

Ao editar suas fotos de maneira profissional, um pequeno escritório pode parecer espaçoso e convidativo, sem enganar seus espectadores

4. Tarefas com uso intensivo de fotos se tornam mais fáceis.

Nos casos em que sua empresa depende muito de fotografias e imagens de produtos, como sites de comércio eletrônico etc., você precisa garantir um fluxo constante de imagens de alta qualidade diariamente.

67% dos consumidores acreditam que a qualidade geral da imagem de um produto é "extremamente importante" para que eles selecionem e comprem um produto.

A edição de fotos facilita a definição dos parâmetros de edição exatos e, posteriormente, a aplicação das mesmas configurações a outras imagens, reduzindo assim seu esforço. Da mesma forma, se você tiver várias imagens semelhantes, poderá processá-las rapidamente agrupando-as e aplicando configurações de edição predefinidas

5. Estratégia robusta de mídia social.

Hoje, a mídia social é o principal canal de marketing para a maioria das empresas por aí. Do Facebook ao Instagram, e muitos outros, a mídia social conseguiu aproximar clientes e marcas do que nunca.

Ao editar profissionalmente suas imagens antes do upload, adicionando dicas visuais, belas artes de palavras etc., você pode dar ao seu negócio uma vantagem sobre a concorrência

6. Reutilize Imagens para Melhor Eficiência

Reutilizar imagens para vários fins é uma das vantagens da edição de fotos. Com a ajuda de ferramentas profissionais de edição de fotos, você pode usar a mesma imagem para vários fins, alterando seu plano de fundo ou batendo-a com outras imagens.

Isso, por sua vez, ajuda você a otimizar seus processos com eficiência e a se concentrar em outros aspectos do seu plano de marketing

7. Fácil personalização multiplataforma

A aparência de uma imagem em seus anúncios impressos pode ser diferente de seus anúncios digitais; pode ser diferente para mídias sociais, para plataformas móveis, para impressões monocromáticas etc.

Somente com a ajuda da edição de fotos profissional, você pode personalizar suas imagens para ter o mesmo impacto em várias plataformas

8. Outras vantagens

Desde a compactação de imagens de tamanho grande em imagens menores para carregamento mais rápido da página da Web até o redimensionamento e corte, há muitas outras vantagens da edição de fotos para empresas.

Mesmo que você trabalhe apenas com mídia impressa, você ganha editando suas fotos de acordo com os requisitos da mídia e dos consumidores que a leem, levando a uma publicidade direcionada altamente eficaz.

17.8 Faixa salarial e piso salarial 2022[20]

A faixa salarial do Editor de Imagem fica entre R$ 2.749,00 salário mediana da pesquisa e o teto salarial de R$ 8.333,94, sendo que R$ 3.468,25 é a média do piso salarial 2022 de acordos coletivos levando em conta profissionais em regime CLT de todo o Brasil.

O perfil profissional mais recorrente é o de um trabalhador com 25 anos, ensino superior completo, do sexo masculino que trabalha 44h semanais em empresas do segmento de Locação de mão-de-obra temporária.

---

[20] Valores de outubro de 2022.

A cidade com mais ocorrências de contratações e por consequência com mais vagas de emprego para Editor de Imagem é São Paulo - SP.

18 FORMA 16 - VENDA DE FOTOGRAFIAS.

Se você é um fotógrafo profissional ou apenas gosta de tirar fotos em seu tempo livre, você pode ganhar uma quantia decente vendendo suas fotos on-line - mesmo sem uma câmera de última geração. Na verdade, se você tem uma câmera decente e uma mão firme, já está com uma chance.

Independentemente de como você tira suas fotos, há um número crescente de maneiras de monetizar as fotos que você já tirou. E há muitas outras maneiras de desenvolver suas habilidades fotográficas (e renda) desde a venda de seu estoque Insta até a criação de um livro de fotos.

Antes de começar a ganhar dinheiro com a venda de suas fotos online, é importante obter um bom equipamento fotográfico. Mas, como dissemos anteriormente, você não precisa gastar uma fortuna em uma câmera sofisticada para vender suas imagens.

Se você tem uma câmera DSLR (ou gosta de comprar uma por um roubo), terá mais opções para vender fotos para bibliotecas de ações, para sites de impressão ou para produtos de impressão sob demanda. Isso ocorre porque as câmeras digitais geralmente produzem imagens de alta resolução.

No entanto, alguns smartphones estão superando as câmeras digitais nos dias de hoje, como o Samsung Galaxy S22 Ultra e o Google Pixel 6 Pro.

Um número crescente de sites está comprando fotos tiradas em celulares, então pesquise qual site de fotos é melhor para você.

18.1   Como vender fotos online através de bibliotecas de imagens.

As bibliotecas de estoque compram e vendem fotos digitais para usar em sites, livros, produtos e até mesmo em anúncios, com o fotógrafo recebendo uma parte da venda a cada vez.

Vender fotos por meio de um site de ações é uma ótima maneira de navegar por ideias de renda passiva: você pode enviar uma foto uma vez e vendê-la várias vezes, praticamente para sempre!

Você pode ter que enviar uma seleção de fotos (e ser aceito) antes de se tornar um colaborador de uma biblioteca de fotos online. Depois disso, alguns sites continuarão revisando todos os seus envios e rejeitarão com prazer os que acharem que não atendem aos padrões.

Isso significa que você sempre precisará estar na bola para escolher suas melhores jogadas. No entanto, não fique muito preocupado com as rejeições – junte-se a vários sites de imagens de ações e poste fotos em todos eles para obter a melhor cobertura possível.

18.2   Melhores sites para vender suas fotos online.

Para ganhar o máximo de dinheiro possível vendendo fotos online, experimente estes sites de imagens:

1. Alamy.

Recomendo experimentar o Alamy primeiro para começar a vender fotos. Em média, as imagens no Alamy são vendidas por cerca de £ 65 cada, mas as fotos podem custar de £ 15 a £ 360, dependendo do uso de suas fotos.

A venda de fotos de telefone por meio do aplicativo Stockimo (somente na App Store) garante uma redução de 20%.

2. Picfair.

Picfair tem um diferencial importante: você decide por quanto suas imagens são vendidas. Obviamente, quanto mais baixo você definir o preço, maior a probabilidade de as pessoas comprarem suas imagens.

Mas, se você tem algumas fotos de alta qualidade que merecem preços altos, este site é ideal.

Picfair adiciona 20%, mas o preço de venda que você define é o que você ganha se sua imagem for vendida.

3. EyeEm.

Se Instagram e Alamy tivessem um filho amoroso, seria como EyeEm. O EyeEm é um site de compartilhamento de fotos, mas, se você quiser ganhar mais do que 'curtidas', também poderá vender suas imagens através do mercado.

Você ganharia entre 25% e 55% das vendas de imagens, dependendo de quanto dinheiro você ganhou com o site no ano passado.

Como bônus, no EyeEm também há artigos de instruções regulares e missões temáticas realizadas por grandes marcas. Além disso, você pode fazer upload de fotos pela web ou telefone.

4. Foap.

Foap é construído em torno de fotógrafos de telefone, com tudo tratado através do aplicativo (gratuito no Android e na App Store).

A Foap vende fotos por cerca de £ 7 – £ 8 e as divide em 50/50 após reduções de quaisquer impostos e taxas.

Eles também realizam missões regulares, onde você pode enviar fotos sobre um tema para ter a chance de ganhar dinheiro extra e vantagens.

5. Dreamstime.

A Dreamstime oferece até 60% para colaboradores exclusivos.

O valor da sua foto também aumenta quanto mais ela é baixada: as imagens para iniciantes podem ser vendidas por cerca de £ 0,25 a £ 3,50.

Se você estiver vendendo fotos tiradas em um telefone, comece com o aplicativo gratuito Dreamstime (no Android e iPhone).

6. Imagens Getty.

A Getty Images entrega 15% do preço de venda de uma imagem, mas promete um corte maior se você tornar a imagem exclusiva do site (cerca de 25% – 45%!).

Imagens únicas são vendidas a partir de £ 50, mas o tipo de licença ou plano de assinatura que o cliente compra determina como sua fatia é calculada.

7. Shutterstock.

O Shutterstock é um dos sites de imagens mais conhecidos para vender. O valor que você ganhará por foto depende do tipo de licença ou assinatura, bem como de seus ganhos vitalícios (o valor total que você ganhou na Shutterstock como colaborador).

Vale a pena notar que você só ganhará 15% por imagem vendida quando começar como colaborador da Shutterstock.

Quanto mais você vender em um ano, maior será a porcentagem que receberá. Mas, no início de cada ano civil, isso é redefinido e você voltará a ganhar 15% por imagem até vender mais novamente.

18.3 Dicas para ganhar dinheiro extra vendendo fotos.

Aqui estão as melhores maneiras de ganhar mais dinheiro vendendo fotos online.

1. Faça upload de imagens de qualidade para vários sites de fotos.
2. Inclua pessoas em suas fotos – mas vale a pena notar que qualquer pessoa que você papear pode precisar assinar um formulário de autorização de modelo para dizer que concorda que você o use. Sua biblioteca de ações terá formulários de modelo que você pode imprimir, assinar e enviar.
3. Verifique os T&Cs antes de vender fotos para sites de banco de imagens, incluindo quando você será pago, quanto e em que moeda. Além disso, descubra o que acontece com suas fotos se você quiser cancelar sua conta mais tarde. Você pode descobrir que poderia ganhar mais dinheiro vendendo para uma biblioteca de estoque diferente.
4. Inscreva-se em boletins informativos para colaboradores de sites de fotos para obter informações sobre quais fotos estão em demanda e como melhorar suas habilidades de câmera e edição.
5. Use palavras-chave relevantes ao enviar fotos para sites de imagens, pois isso ajudará mais pessoas a encontrá-las (e comprá-las!).

18.4 Como vender suas fotos como impressões

Antes de ir até o Boots para imprimir em lote suas fotos de férias, há um pouco mais do que isso. Embora você possa vender fotos impressas em sua impressora doméstica ou em um laboratório de rua, imagens de melhor qualidade geram lucros maiores.

Isso significa usar um laboratório de impressão adequado (especializado em arte ou gravuras emolduradas), optar por papel especializado ou até vender edições limitadas ou assinadas.

Há muita liberdade na venda de impressões fotográficas. Você decide o que fotografar, para quem vender e por quanto. E, como vender através de bibliotecas de ações, pode ser uma boa fonte de renda passiva.

18.5 Use um site de hospedagem de fotos

Os hosts de sites amigáveis para fotógrafos oferecem um local seguro para armazenar suas fotos digitais, um portfólio (para que você possa exibi-las) e ferramentas de compras (para que você possa vender impressões, downloads e arte de parede).

Eles até lidam com a impressão e qualquer postagem toda vez que você faz uma venda. Parece ótimo, certo?

Porém, há um problema – eles não apenas cobram pela hospedagem do seu site, mas também recebem um corte atrevido de cada venda – e isso não é a xícara de cacau de todos. Se você quiser experimentar, procure por testes gratuitos antes de gastar o dinheiro: experimente o Zenfolio ou o Smugmug.

Abra uma loja de fotos online

Alternativamente, você sempre pode iniciar seu próprio site ou loja Etsy e manter mais do seu lucro.

Fazer impressões ou presentes para vender também é super simples – opte pela impressão sob demanda e você não terá que armazenar nenhum estoque (ou ficar sem bolso se não puder vendê-lo).

18.6 Vender fotos nas redes sociais

Pegue uma dica dos alunos que ganham com sua revisão ao postar suas notas de estudo no Instagram. Obviamente, ajuda se você já tiver muitos seguidores online, mas se você tiver talento (e as hashtags certas), terá a chance de ganhar dinheiro.

Como exemplo de uma forma de ganhar dinheiro nas redes sociais, você pode tirar fotos de alguns produtos que recomendaria aos seus seguidores e depois compartilhá-las com links de afiliados em sites como Instagram, Twitter e Facebook.

19 FORMA 17 - PROFESSOR PARTICULAR ONLINE.

Durante vários anos, o papel principal do professor era simplesmente o de compartilhar o conhecimento, uma vez que eram considerados os únicos detentores da informação.

No entanto, aos poucos, as pessoas foram percebendo que a participação de todos os envolvidos no processo de ensino e aprendizagem era muito benéfica.

Com essa interação, os alunos podem compartilhar suas próprias experiências e conhecimentos e o papel do professor também é mediar as discussões geradas no ambiente educacional.

Com a educação a distância (EAD), esse papel não é diferente.

Existe a crença de que o papel do professor não é tão importante no ensino na web. Mas a verdade é que é fundamental: unir conhecimento, tecnologia e alunos.

Graças à tecnologia moderna, estudantes de todas as idades podem usar a Internet para se conectar com professores no conforto de suas próprias casas. Embora a tutoria on-line possa significar uma variedade de coisas diferentes, é basicamente fornecer suporte de aprendizado individual para os alunos pela Internet.

Os professores particulares trabalham com alunos desde o jardim de infância, mas atendem principalmente alunos do ensino fundamental ao ensino médio, universitários e alunos adultos por meio de um formato de ensino à distância.

Esses profissionais reforçam o assunto e fornecem feedback usando reforço positivo para motivar, encorajar e construir confiança nos alunos.

Alguns professores particulares trabalham com os alunos para melhorar suas habilidades de estudo, enquanto outros podem ajudar os clientes a melhorar suas habilidades de anotações ou testes.

Os professores particulares revisam o material da aula, ajudam a resolver problemas e repassam as tarefas com os alunos. Dependendo do empregador, alguns professores particulares são responsáveis por agendar atividades de instrução, avaliar o trabalho do aluno e monitorar o desempenho do aluno.

Programas de treinamento para professores particulares estão disponíveis em salas de aula e online e normalmente cobrem áreas como conscientização cultural, estratégias de escuta e construção de negócios para professores particulares autônomos.

Alguns professores particulares online optam por ser profissionalmente credenciados ou certificados por agências como a National Tutoring Association ou a American Tutoring Association.

19.1 Quais são as qualificações para um trabalho de professor particular online?

Os professores particulares são geralmente especialistas no assunto que ensinam. A maioria dos empregadores exige um diploma mínimo de quatro anos para trabalhar como professor particular, mas muitos exigem mais do que isso. Em alguns casos, os estudantes universitários conseguem empregos de professor particular online.

A maioria dos professores particulares possuem certificados de ensino e mestrado. Alguns empregadores exigem um Ph.D. Às vezes, é necessária experiência de ensino em sala de aula ou uma credencial de ensino emitida pelo estado.

As habilidades necessárias para ter sucesso como professor particular online incluem:

- Escuta ativa.
- Compreensão de leitura.
- Estratégias de aprendizado.

19.2 Que tecnologia é necessária para trabalhar como professor particular online?

A tecnologia inovadora transformou a profissão de professor particular na última década. Alunos e professores particulares podem interagir de qualquer lugar do mundo a qualquer momento e os professores particulares podem compartilhar documentos e outros recursos com os alunos instantaneamente usando ferramentas online.

No mínimo, os professores particulares on-line devem ter um computador pessoal ou laptop confiável, Internet de alta velocidade e uma webcam.

Dependendo do empregador, os professores particulares on-line usarão várias ferramentas on-line para se comunicar e compartilhar recursos com seus alunos.

A maioria dos professores particulares usa algum tipo de treinamento baseado em computador, e-mail e software de planilha e provavelmente usa alguma forma de interface de usuário de banco de dados e software de consulta.

As ferramentas online comumente usadas por professores particulares online incluem:

- Skype.
- White board.
- Microsoft Office.
- Google Drive.
- Wikispaces.

19.3   Qual é o perfil do professor particular online?

As pessoas interessadas em ensinar os alunos on-line geralmente compartilham o interesse em ajudar as pessoas, conversar e ensinar.

Outros atributos de grandes professores particulares incluem ser confiável e cooperativo, ter integridade, autocontrole e preocupação com os outros e prestar muita atenção aos detalhes.

As aulas online oferecem grande flexibilidade e a oportunidade de trabalhar em casa. Embora alguns professores particulares trabalhem em período integral, a maioria dos professores particulares online desfruta de horários flexíveis e de meio período.

19.4   Quanto ganha um professor particular.

Para se ter uma ideia, podemos observar o valor médio cobrado pelos professores particulares de todas as áreas do conhecimento em torno de 100 reais.

Imaginemos, por exemplo, que você consiga ministrar quatro aulas por semana, ou seja, 1.600,00 reais por mês.

20 FORMA 18 – DROPSHIPPING.

Vamos começar nossa lista com uma das maneiras mais populares de ganhar dinheiro online. De acordo com o Google Trends, a popularidade do dropshipping está aumentando, destacando sua viabilidade como ideia de negócio.

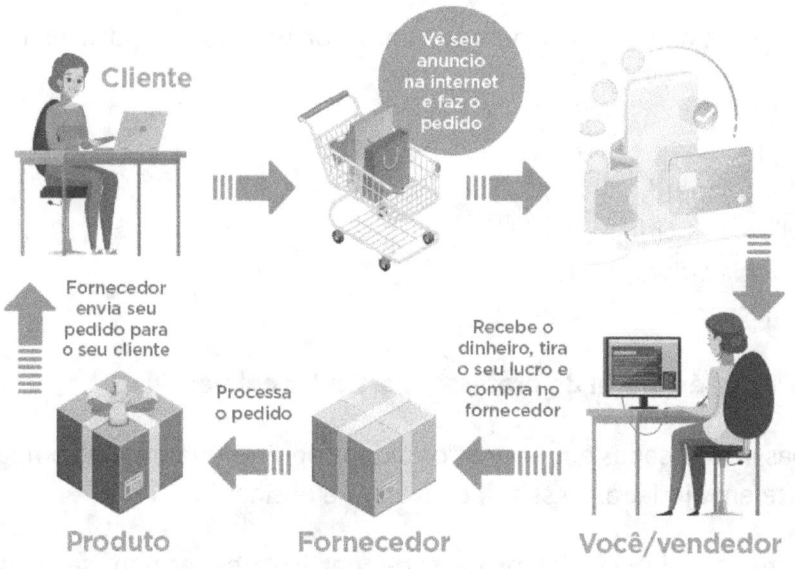

Figura 51 - O ciclo do dropshipping.

Com histórias de sucesso sobre como um empreendedor ganhou US$ 6.667 em oito semanas ou como um dono de loja ganhou seis dígitos vendendo apenas um produto, há muitas provas de que o dropshipping é uma maneira real de ganhar dinheiro online.

O dropshipping é um modelo de negócios em que você vende um produto para um cliente, mas o fornecedor armazena, embala e envia o produto para seus clientes em seu nome.

Com o dropshipping, você tem acesso a milhões de produtos que pode adicionar à sua loja. Alguns aplicativos de dropshipping da Shopify permitem que você escolha a dedo as imagens dos seus produtos, edite as descrições dos itens e dê à sua empresa uma vibração personalizada, para que as pessoas adorem comprar com você.

A melhor maneira de ganhar dinheiro com dropshipping?

A maioria dos empreendedores tem se concentrado em algumas estratégias de marketing:

- Executando anúncios do Facebook.
- Ter influenciadores promovendo seus produtos.
- Envio de mensagens diretas (DMs) para clientes em potencial nas mídias sociais.

20.1 Como iniciar o dropshipping em 7 passos

Muitas pessoas iniciam seus negócios de dropshipping durante o tempo de folga de seus empregos diários. Aqui está um plano passo a passo.

1. Escolha um nicho e seus produtos iniciais. Encontre algo para vender que as pessoas querem. Você pode ver listas de produtos de tendências em sites como Oberlo, verificar o Google Trends, navegar em outros sites em um nicho que lhe interessa. Escolha produtos que você está entusiasmado em vender, mas lembre-se de que nenhum nicho funcionará se não for lucrativo.
2. Analise a concorrência. Aprenda o negócio. O Google mostra quem está no topo do nicho escolhido. Você quer saber quem são seus concorrentes, o que e como eles vendem e o que estão fazendo certo ou errado. Verifique seu marketing e seus preços. Além disso, leia sobre o negócio de comércio eletrônico. Aprenda com as experiências dos outros.
3. Encontre fornecedores. Se você ainda não tem um em mente, pode verificar os diretórios de fornecedores de dropshipping online. Entre em contato com sua lista para obter informações sobre seus pedidos mínimos e prazos de envio. Faça pedidos de amostra para comparar a qualidade e a embalagem do produto.
4. Escolha um nome e desenvolva um conceito de marca. Pense em seus produtos e seus compradores. Identifique seus clientes em potencial e considere o que os atrai. Seu nome de domínio é sua primeira impressão, então escolha com cuidado.
5. Crie seu site de dropshipping. Siga o conceito da sua marca e faça com que pareça profissional. Crie conteúdo e uma experiência do cliente que impulsione as vendas.

6. Mercado. Mercado. Mercado. Esta é a sua tarefa mais importante. Faça mais da Etapa 2 e seja criativo.
7. Análise e melhore. Então faça de novo. Use boas ferramentas analíticas porque os dados são fundamentais. A adivinhação às vezes pode levar ao sucesso, mas você realmente quer confiar nisso?

20.2 Como criar um site de dropshipping

1. Escolha uma plataforma rica para o seu site de comércio eletrônico.
2. Crie seu layout ou escolha um modelo que você pode personalizar.
3. Torne a experiência do seu cliente especial, memorável e direcionada ao seu público.
4. Crie experiências de carrinho e checkout com marca.
5. Quando estiver pronto, comece a vender!

20.3 Benefícios do dropshipping

Aqui estão algumas outras razões pelas quais o dropshipping é um modelo de negócios de comércio eletrônico tão popular para grandes e pequenas empresas.

1. Menos capital inicial necessário.

Provavelmente, a maior vantagem do dropshipping é que é possível lançar uma loja de comércio eletrônico sem ter que investir milhares de dólares em estoque. Tradicionalmente, um varejista de tijolo e argamassa ou de comércio eletrônico precisa amarrar grandes quantidades de estoque de compra de capital.

Com o modelo dropshipping, você não precisa comprar um produto a menos que já tenha feito a venda e tenha sido pago pelo cliente. Sem investimentos iniciais significativos em estoque, é possível iniciar o dropshipping e obter sucesso com muito pouco dinheiro.

Além disso, como você não está comprometido em vender por meio de nenhum inventário comprado antecipadamente, como em outros modelos de negócios, há menos risco envolvido em iniciar uma loja de dropshipping.

2. Fácil de começar.

Administrar um negócio de comércio eletrônico é muito mais fácil quando você não precisa lidar com produtos físicos. Com o dropshipping, você não precisa se preocupar com:

- Gerenciando ou pagando por um armazém.
- Embalando e enviando seus pedidos.
- Rastreamento de estoque por motivos contábeis.
- Tratamento de devoluções e remessas de entrada.
- Encomendar produtos continuamente e gerenciar o nível de estoque.

3. Baixa sobrecarga.

Como você não precisa lidar com a compra de estoque ou o gerenciamento de centros de distribuição, suas despesas gerais são bastante baixas.

De fato, muitas lojas de dropshipping bem-sucedidas são administradas como empresas domésticas, exigindo pouco mais do que um laptop e algumas despesas recorrentes para operar.

À medida que você cresce, esses custos provavelmente aumentarão, mas ainda serão baixos em comparação com os negócios tradicionais de tijolo e argamassa.

4. Localização flexível.

Com o dropshipping, um negócio de sucesso pode ser executado de praticamente qualquer lugar com uma conexão à Internet.

Contanto que você possa se comunicar com os fornecedores e fornecer serviços e suporte oportunos que atendam às expectativas dos clientes, você poderá administrar e gerenciar seus negócios.

5. Ampla seleção de produtos para vender.

Como você não precisa comprar antecipadamente os itens que vende, pode oferecer uma variedade de produtos em alta para seus clientes em potencial.

Além disso, você pode alternar ou alterar sua lista de produtos de dropshipping sem precisar se preocupar com o estoque não vendido. Se os fornecedores estocam um item, você pode colocá-lo à venda em sua loja online sem custo adicional.

6. Mais fácil de testar.

O dropshipping é um modelo de atendimento útil tanto para o lançamento de uma nova loja quanto para proprietários de empresas que desejam testar o apetite que os clientes têm por categorias de produtos adicionais, por exemplo, acessórios ou linhas de produtos totalmente novas. O principal benefício do dropshipping é, novamente, a capacidade de listar e potencialmente vender produtos antes de se comprometer a comprar uma grande quantidade de estoque.

7. Mais fácil de dimensionar.

Com um negócio de varejo tradicional, se você receber três vezes o número de pedidos, normalmente precisará fazer três vezes mais trabalho. Ao alavancar fornecedores de dropshipping, a maior parte do trabalho para processar pedidos adicionais será feita pelos fornecedores, permitindo que você expanda com menos dores de crescimento e menos trabalho incremental.

O crescimento das vendas sempre trará trabalho adicional - especialmente relacionado ao suporte ao cliente -, mas as empresas que utilizam a escala de dropshipping são particularmente boas em relação às empresas tradicionais de comércio eletrônico.

20.4 Desvantagens do dropshipping.

Todos os benefícios que mencionamos tornam o dropshipping um modelo muito atraente para quem está começando com uma loja online ou para quem deseja expandir suas ofertas de produtos existentes.

Mas, como todas as abordagens, o dropshipping também tem suas desvantagens. De um modo geral, conveniência e flexibilidade têm um preço mais alto.

Aqui estão algumas deficiências a serem consideradas ao considerar um negócio de dropshipping.

1. Margens de lucro baixas.

Margens baixas são a maior desvantagem de operar em uma vertical de dropshipping altamente competitiva. Como é tão fácil começar e porque os custos indiretos são tão mínimos, muitas empresas concorrentes montam uma loja de dropshipping e vendem itens a preços baixíssimos na tentativa de aumentar a receita. Como investiram tão pouco para iniciar o negócio, podem se dar ao luxo de operar com margens minúsculas.

Normalmente, esses vendedores terão sites de baixa qualidade e atendimento ao cliente ruim (se houver), o que pode ajudá-lo a diferenciar seu negócio de dropshipping.

Mas isso não impedirá os clientes de comparar seus preços com os seus. Esse aumento na concorrência prejudicará rapidamente a margem de lucro potencial em um nicho.

Felizmente, você pode fazer muito para mitigar esse problema escolhendo os produtos certos e selecionando um nicho/vertical adequado para dropshipping.

2. Problemas de estoque.

Se você estocar todos os seus próprios produtos, é relativamente simples acompanhar quais itens estão dentro e fora de estoque.

Mas quando você está comprando de vários armazéns, que também estão atendendo pedidos de outros comerciantes, o estoque pode mudar diariamente.

Felizmente, hoje em dia, existem vários aplicativos que permitem sincronizar com fornecedores. Assim, os dropshippers podem "passar adiante" os pedidos dos clientes para um fornecedor de dropshipping com um ou dois cliques e devem poder ver em tempo real quanto estoque o fornecedor possui.

Os DSers também permitem que os comerciantes tomem ações automatizadas quando o estoque de um fornecedor chega a zero.

Por exemplo, quando um produto não está mais disponível, você pode cancelar a publicação do produto automaticamente ou mantê-lo publicado, mas definir automaticamente a quantidade como zero.

3. Complexidades de envio.

Se você trabalha com vários fornecedores - como a maioria dos dropshippers - os produtos em sua loja online serão adquiridos por meio de vários dropshippers diferentes. Isso significa que você não tem controle sobre a cadeia de suprimentos.

Digamos que um cliente faça um pedido de três itens, todos disponíveis apenas de fornecedores separados. Você incorrerá em três cobranças de frete separadas para enviar cada item ao cliente, mas provavelmente não é aconselhável repassar essa cobrança ao cliente. E mesmo quando faz sentido incluir essas cobranças, automatizar esses cálculos de remessa direta pode ser difícil.

4. Erros do fornecedor.

Você já foi culpado por algo que não foi sua culpa, mas teve que aceitar a responsabilidade de qualquer maneira?

Mesmo os melhores fornecedores de dropshipping cometem erros ao atender pedidos - erros pelos quais você deve assumir a responsabilidade e pedir desculpas. Além disso, fornecedores medíocres e de baixa qualidade prejudicarão a experiência do cliente por meio de itens ausentes, remessas malfeitas e problemas de embalagem ou qualidade do produto, o que pode prejudicar a reputação da sua empresa.

5. Personalização e branding limitados.

Ao contrário dos produtos personalizados ou impressos sob demanda, o dropshipping não oferece muito controle sobre o produto em si. Normalmente, o produto dropshipping é projetado e marcado pelo fornecedor.

Alguns fornecedores de dropshipping podem acomodar as alterações de produtos da sua empresa. Mesmo assim, porém, o fornecedor tem mais controle sobre o produto em si. Quaisquer alterações ou acréscimos ao produto geralmente exigem uma quantidade mínima de pedido para torná-lo viável e acessível para o fabricante.

21 FORMA 19 – IMPRESSÃO SOB DEMANDA.

A impressão sob demanda (POD) é outra maneira popular de ganhar dinheiro online. Muitas pessoas adotaram esse modelo de negócios porque ele tem despesas gerais mais baixas do que outras empresas.

A impressão sob demanda é semelhante ao dropshipping, no sentido de que você não precisa carregar estoque ou enviar produtos aos clientes por conta própria. Existem duas pequenas diferenças, no entanto.

Figura 52 - O ciclo da impressão sob demanda.

Primeiro, você pode criar seus próprios produtos personalizados, o que é ótimo para o reconhecimento da marca. Em segundo lugar, você pode escolher entre itens específicos em vez de uma vasta gama de categorias.

A maioria das empresas de impressão sob demanda oferece produtos fáceis de imprimir, como camisetas, canecas e sacolas.

A melhor maneira de ganhar dinheiro com seu negócio de impressão sob demanda? Canais de marketing gratuitos. Sua melhor aposta seria promover seus produtos gratuitamente no Instagram e Pinterest e por meio de influenciadores de mídia social que convertem bem seu público.

Com produtos personalizados, você pode iniciar sua própria linha de roupas, rentabilizar seu público ou atender a um nicho específico. A impressão sob demanda é um modelo de atendimento que torna tudo isso possível sem ter que manter seu próprio estoque.

Mas escolher as melhores empresas de impressão sob demanda pagas ou gratuitas para trabalhar e dar vida à sua visão pode exigir muita pesquisa. Cada plataforma tem seu próprio catálogo distinto de produtos, considerações de envio e recursos exclusivos que serão levados em consideração na sua decisão.

Para ajudar a restringir sua lista de opções, analisamos 10 dos melhores sites de impressão sob demanda gratuitos e pagos para projetar, vender e enviar seus próprios produtos personalizados.

21.1 Como faço para iniciar meu próprio negócio de impressão sob demanda?

Saiba como funciona a impressão sob demanda:

- Escolha um produto para vender
- Finalize um design para sua mercadoria
- Selecione um nome para sua marca
- Selecione um provedor de impressão
- Inscreva-se em uma plataforma de comércio eletrônico como Shopify
- Configure sua loja online para sua marca
- Comercialize seus produtos

21.2 A impressão sob demanda é lucrativa?

Em média, as marcas podem ganhar US$ 500 por mês, executando um negócio de impressão sob demanda.

Há sempre uma chance de ganhar mais se o seu marketing e designs atingirem seu público. Lembre-se de analisar quais tendências seus clientes ideais estão seguindo.

21.3 Como você precifica os produtos de impressão sob demanda?

Veja como precificar produtos de impressão sob demanda:

- Avalie o custo do seu produto (design, produção, envio, impostos e taxas de plataforma por pedido)
- Adicione uma margem de lucro no custo do produto: Custo do produto + margem de lucro = custo de varejo

- Calcule suas outras despesas (marketing e publicidade): Outros custos mensais / sua margem de lucro = pedidos mínimos
- Defina um preço para o seu produto que cubra todas as suas despesas e ainda deixe você com uma margem

22 CONHEÇA O AUTOR.

22.1 Prof. Marcão - Marcus Vinícius Pinto.

Figura 53- O Valor do Capital Humano.

Em minha carreira, que tem sido marcada por décadas de experiência em tecnologia da informação e marketing, é importante destacar minha busca constante pelo aperfeiçoamento e pelo profundo entendimento da ciência da informação e do funcionamento complexo da mente humana.

Apesar do desafio de viver com uma deficiência física, mais especificamente a ausência do pé esquerdo, esse fato singular tem me impulsionado a buscar constantemente superações e a valorizar a singularidade de cada indivíduo.

Atualmente, estou em um momento de consolidação na minha carreira como escritor. Estou profundamente envolvido com temas relacionados à ciência da informação e procuro trazer à tona uma visão perspicaz e abrangente sobre os processos complexos de armazenamento, organização e disseminação de dados.

Por meio das minhas palavras, busco desvendar as complexidades do ser humano e sua mente em todas as suas nuances.

Durante essas décadas, dediquei-me intensamente a projetos de arquitetura da informação, engenharia de atributos e desenvolvimento de software, utilizando diferentes metodologias para garantir a eficiência e qualidade dos produtos que tenho orgulho de criar.

Percebo a importância de propor metodologias que permitam otimizar recursos e melhorar a qualidade dos projetos em bases de dados. Destaco, nesse sentido, os padrões de modelagem de dados e de Data Warehouse, bem como a metodologia de validação e gerenciamento de modelos de dados, fundamentais para alcançar resultados sólidos e confiáveis.

Além de atuar como consultor empresarial, onde ofereço soluções inovadoras para problemas complexos e ajudo as organizações a superarem desafios, também me dedico a compartilhar meus conhecimentos por meio de palestras, treinamentos e mentoria de carreiras e desenvolvimento empresarial.

Ao mesmo tempo, sou produtor de conteúdo no YouTube, o que me permite disseminar ideias e dialogar com um público ávido por conhecimento e inovação.

Ao longo da minha trajetória, tive o privilégio de publicar 32 livros até o momento, todos disponíveis na plataforma da Amazon, proporcionando acesso a um amplo público em busca de conhecimento e insights aprofundados.

No entanto, mesmo envolvido em todas essas atividades profissionais, nunca deixo de lado meu constante processo de aprendizado, encontrando felicidade nas pequenas coisas e perseguindo meus verdadeiros propósitos de ajudar aqueles que me procuram.

Tenho um profundo respeito por todos e dedico-me a atividades que transcendem o trabalho, como o estudo do universo da música no piano.

Além disso, minha vida pessoal também é importante para mim. Sou casado com minha amada esposa, Andréa, desde 1998, e nossa união é repleta de felicidade e companheirismo.

22.2 Alguns livros publicados pelo Prof. Marcão.

Figura 54 – Alguns livros do Prof. Marcão.

Figura 55 – Mais alguns livros do Prof. Marcão.

22.3 Livros sobre Dados Abertos do Prof. Marcão.

Figura 56 – Livros sobre Dados Abertos.

22.4 Como contatar o Prof. Marcão.

Para palestras, treinamento e mentoria empresarial faça contato no meu perfil no LinkedIn ou pelo e-mail marcao.tecno@gmail.com.

Será um prazer interagir com você.

Prof. Marcão – MARCUS VINÍCIUS PINTO

CONSULTORIA | MENTORIA | TREINAMENTO | PALESTRAS

marcao.tecno@gmail.com

https://bit.ly/linkedin_profmarcao

Seja meu seguidor e tenha acesso a conteúdos imperdíveis!

Instagram: https://bit.ly/3tpZ5kp

YouTube: https://bit.ly/4ah44nT

Linkedin: https://bit.ly/linkedin_profmarcao

Minha página de autor na Amazon: https://amzn.to/3S2xCgL

Spotify: https://spoti.fi/3c0fClN

Linktree: https://linktr.ee/tudo_prof.marcao

MINHA EMPRESA DE CONSULTORIA: https://mvpconsult.com.br/

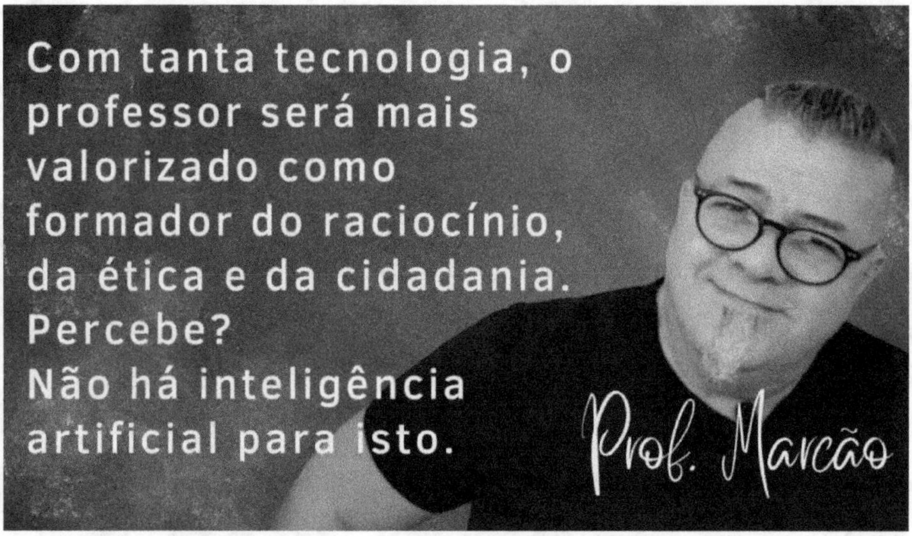

> Com tanta tecnologia, o professor será mais valorizado como formador do raciocínio, da ética e da cidadania. Percebe?
> Não há inteligência artificial para isto.
>
> *Prof. Marcão*

Figura 57 – Vamos valorizar os professores.

www.ingramcontent.com/pod-product-compliance
Lightning Source LLC
Chambersburg PA
CBHW060413220526
45465CB00008B/2872